Begleitmaterial zum Schulfernsehen
Herausgeber:
Landesbildstelle Berlin · Zentrum für audio-visuelle Medien

Materialien zur Geschichte der deutschen Nationalhymne

Arbeitsheft zum Schulfernsehen

von
Lothar Wolf
und
Klaus Gensichen
Gunter Paul
Michael Sauer

Colloquium Verlag Berlin

CIP-Titelaufnahme der Deutschen Bibliothek

Materialien zur Geschichte der deutschen Nationalhymne:
Arbeitsheft zum Schulfernsehen / Hrsg.: Landesbildstelle Berlin.
Lothar Wolf ... [Bearb. u. Red.: Horst Neumann]. – Berlin:
Colloquium-Verl., 1990
(Begleitmaterial zum Schulfernsehen)
ISBN 3-7678-0781-5
NE: Wolf, Lothar [Mitverf.]; Neumann, Horst [Bearb.]; Landesbildstelle <Berlin, West>

Herausgeber: Landesbildstelle Berlin · Zentrum für audio-visuelle Medien
Bearbeitung und Redaktion: Horst Neumann

Fotosatz: Schulz & Ridzewski, Berlin
Druck: Color-Druck Dorfi GmbH, Berlin
Umschlagentwurf: Rudolf Hübler, Berlin
Umschlagfoto: Landesbildstelle Berlin
Karten: Karin Mall
Printed in Germany

Inhalt

Die Autoren der Beiträge sind: *Lothar Wolf* (Kap. 2, 3 und 6), *Klaus Gensichen* (Kap. 4 und 8), *Gunter Paul* (Kap. 5), *Dr. Michael Sauer* (Kap. 7 und 9).

1. Hinweise

Nationalhymne – was ist das?
Eine Hymne ist ein feierlicher Gesang. Text und Musik werden zu einem Lied verbunden, das religiöse oder weltliche Ereignisse lobpreist. Nationalhymnen in unserem Sinne entstanden vom 18. Jahrhundert an. Sie rühmen den Herrscher, beschreiben historische Daten oder das Heimatland. Wie die Nationalflaggen sind sie ein offizielles Symbol nationaler Selbständigkeit. Sie sind Ausdruck emotionaler Bindungen der Bevölkerung an ihr Land. Das Nationalgefühl kann so stark sein, daß ästhetische Formen und inhaltliche Aussagen der Hymnen von untergeordneter Bedeutung sind.
Das diplomatische Protokoll bei Staatsbesuchen, der Ablauf nationaler Feste und die Praxis bei Siegerehrungen im Rahmen internationaler Sportereignisse scheinen ohne das Abspielen von Nationalhymnen kaum vorstellbar. Besonders bekannt geworden sind z. B. die französische Nationalhymne, die „Marseillaise“, und die polnische Nationalhymne „Noch ist Polen nicht verloren“.

Es ist wohl auch eine Folge der Geschichte Deutschlands der letzten 150 Jahre, daß immer wieder neue „Deutschland-Lieder“ entstanden sind: offizielle und inoffizielle, künstlerische und kitschige, patriotische und nationalistische oder – als Gegenbewegung – kritisch anklagende [vgl. Materialien M 16–36]. Aber nur ein Lied, das „Lied der Deutschen“ von Hoffmann von Fallersleben, ist zur Nationalhymne in Deutschland geworden.
In der Bundesrepublik Deutschland wird – aus historisch-politischen Gründen – offiziell nur die 3. Strophe des Liedes von Hoffmann von Fallersleben als Nationalhymne gesungen. In der Deutschen Demokratischen Republik wurde – ebenfalls aus historisch-politischen Gründen – in den letzten Jahren eine eigene Nationalhymne von Johannes R. Becher überhaupt nicht mehr gesungen, sie wurde nur noch instrumental vorgetragen. Erst im Januar 1990 wurde das offizielle Singen des Textes von der Regierung der DDR wieder erlaubt.
Man mag die Schwierigkeiten der Deutschen mit ihrer Nationalhymne bedauern, aber diese Schwierigkeiten sind gleichzeitig der Grund dafür, daß das Thema wegen seiner vielen Aspekte für den Unterricht besonders interessant ist. Bei einer Beschäftigung mit der Nationalhymne geht es nicht nur um Lyrik und Musik, es geht ebenso um die Erörterung positiver und negativer Seiten unserer Geschichte. So heißt es in einem Rundschreiben der Berliner Schulverwaltung: „Auf den Text und die Entstehungsgeschichte des Deutschlandliedes ist im Geschichtsunterricht der Oberschulen bei der Behandlung der nationa-

len und liberalen Bewegung des 19. Jahrhunderts einzugehen. Dabei soll auch auf die Einführung als Nationalhymne durch den Reichspräsidenten Ebert 1922 sowie auf den politischen Mißbrauch der ersten Strophe während der nationalsozialistischen Herrschaft und auf die politischen Mißverständnisse und Fehldeutungen hingewiesen werden, die der Text in der ersten Strophe auslösen kann."[1]

1949 wurde im Grundgesetz der Bundesrepublik Deutschland nur die Bundesflagge (Art. 22) beschrieben. Auf eine Nationalhymne konnten sich die Abgeordneten damals noch nicht einigen. Es ist zu wünschen, daß eine noch zu erarbeitende gemeinsame deutsche Verfassung nach einer Vereinigung der beiden deutschen Staaten auch der Nationalhymne Verfassungsrang einräumen wird.

Auch wer die emotionale Verankerung einer Nationalhymne im Bewußtsein eines Volkes für wünschenswert oder für notwendig hält, muß fragen, wie wir im Interesse der Deutschen und ihrer Nachbarn mit unserem historischen Erbe umgehen sollten. Können Nationalhymnen sogar ein Hindernis internationaler Verständigung sein, oder führen sie stets zu einer positiv zu beurteilenden Identifikation mit den guten Seiten der eigenen Geschichte? Hierauf gibt es keine eindeutige Antwort. Das kann auch nicht anders sein, weil Gebrauch und Mißbrauch nationaler Symbole z. B. in unserer Geschichte immer wieder dicht beieinander lagen.

Dieses Arbeitsheft enthält neben einer Darstellung der Entwicklung der deutschen Nationalhymne vor allem solche Materialien, die dazu dienen sollen, das emotional so stark ansprechende Thema möglichst gelassen und sachlich zu behandeln und es in den verschiedenen Klassenstufen und Unterrichtsfächern in die eine oder andere Richtung zu erweitern.

2. Inhalt der Sendung „Ein Lied mit Geschichte“

Zeichen, auf diesen Begriff bringt der Autor der Sendung staatliche Hoheitssymbole, die bei keinem Staatsempfang, bei keinem Staatsakt fehlen. Staatsflagge und Nationalhymne werden als Identifikationsmittel nach außen und innen verstanden. Als Beispiele nimmt der Film die Hymnen der USA und Frankreichs. Frankreichs Hymne [M 37] wurde zum Sturmlied der französischen Revolution. Die Hymne der Vereinigten Staaten [M 39] war das Lied der um Unabhängigkeit von der britischen Krone kämpfenden Nordamerikaner. Für beide Nationen sind die Hymnen Ausdruck eines emotional stark geprägten nationalen Gemeinschaftserlebnisses, das heute noch Selbstverständnis, Selbstbewußtsein und Selbstachtung der Nation symbolisiert. Ohne Kenntnis des historischen Entstehungszusammenhangs sind Text und Bedeutung der beiden Hymnen weitgehend unverständlich.
In der folgenden Sequenz versucht der Film diese Erkenntnis auf das Deutschlandlied [M 26] zu beziehen. In einer Folge von Bildern wird der historische Entstehungszusammenhang in der ersten Hälfte des 19. Jahrhunderts skizziert: Freiheitskriege gegen Napoleons Truppen, antiliberale Tendenzen der Restaurationszeit und die verträumte Selbstgefälligkeit der Biedermeierzeit. Längst waren die Hoffnungen auf ein geeintes, demokratisches Deutschland von lähmender Gemütlichkeit verdrängt worden. Dennoch waren vor allem in den oppositionellen Kreisen der Studentenschaft die Forderungen nach Einheit und nach garantierten demokratischen Rechten trotz aller Unterdrückungsversuche durch die Metternichsche Politik ungebrochen. Ein oft gesungenes Lied dieser Tage war „Des Deutschen Vaterland“ (1813) von Ernst Moritz Arndt [M 21]. Auftrieb bekamen die patriotischen Kräfte, als von Frankreich 1840 erneut die Forderung nach dem Rhein als natürliche Grenze zwischen Frankreich und Deutschland erhoben wurde. „Sie sollen ihn nicht haben den freien deutschen Rhein!“ [M 24], dieses Lied von Nikolaus Becker wurde zum gemeinsamen Schutz- und Trutzlied gegen Frankreich und erneuerte zugleich symbolisch die Idee der nationalen Einheit. In dieser heimlichen Aufbruchsstimmung entstand neben anderen vaterländischen Liedern auch das „Lied der Deutschen“, das Hoffmann von Fallersleben 1841 auf damals noch britischem Boden, auf der Insel Helgoland, schrieb.
Als nach den gescheiterten Versuchen der Einigung von unten schließlich Fürst Otto von Bismarck im Jahre 1871 die Reichseinigung von oben durchsetzte und der Preußenkönig im Spiegelsaal von Versailles die deutsche Kaiserkrone entgegennahm, wurde die Hymne des preußischen Königshauses zugleich Hymne des Deutschen Reiches: „Heil dir im Siegerkranz, Herrscher des Vaterlands! Heil, Kaiser dir!“ [M 18]

Hoffmann von Fallerslebens „Lied der Deutschen" – so der Kommentar – verbreitete sich nach der nationalen Einigung vor allem in nationalistischen Kreisen. Sein Sinn wurde mehr und mehr auf die Aussage der ersten Strophe reduziert. Die im Film angeführte Kritik des britischen Außenministers Lloyd George, das Lied fordere eine Vormachtstellung Deutschlands – die Briten übersetzten die 1. Strophe auch mit: „Deutschland, Deutschland, first of nations"! –, traf somit den tatsächlichen Verwendungszusammenhang des Liedes.
Nach dem Ersten Weltkrieg, nach dem Zusammenbruch des Kaiserreichs, nach den revolutionären Auseinandersetzungen um eine neue Staats- und Gesellschaftsordnung sollten für die erste deutsche Republik Symbole gelten, die aus einer frühen Tradition des Kampfes um Einheit und Freiheit abzuleiten waren. So entschied sich Friedrich Ebert, der erste Präsident der Weimarer Republik, bei der Wahl einer Staatsflagge für die Farben Schwarz-Rot-Gold, um an die demokratische Tradition der 48er Revolution anzuknüpfen. 1922 bestimmte Ebert das „Lied der Deutschen" zur offiziellen Nationalhymne [M 1]. Er glaubte, die frühe Interpretation des Liedes fortführen zu können, übersah aber, daß die Einbettung des Liedes in nationalistisches Gedanken- und Liedgut auch im Ausland inzwischen seine Spuren hinterlassen hatte.
Deshalb konnten sich die Nationalsozialisten bruchlos auf die expansionistische Verwendung des Deutschlandliedes beziehen. Nach der 1. Strophe des Deutschlandliedes wurde ab 1933 das Kampflied der SA und der „Bewegung", das Horst-Wessel-Lied, gesungen. Beide Lieder verschmolzen zu einer Einheit und wurden zum unüberhörbaren Fanal nationalsozialistischen Größenwahns.

Die folgende Filmsequenz verdeutlicht die Schwierigkeiten, die nach der Gründung von zwei deutschen Staaten bei der Auswahl nationaler und doch eigentlich staatlicher Symbole entstehen mußten. Die DDR-Führung entschied sich im Jahre 1950 für eine neue Hymne, mit der die Friedfertigkeit und der Wille zum Neubeginn, aber zugleich auch die nationale Einheit betont werden sollten: „Auferstanden aus Ruinen und der Zukunft zugewandt, laß uns dir zum Guten dienen, Deutschland einig Vaterland!" (Melodie: Hanns Eisler, Text: Johannes R. Becher) [M 33].
Weitaus schwieriger verlief der Entscheidungsprozeß in der Bundesrepublik Deutschland. Theodor Heuss, erster Bundespräsident, wollte einen Neuanfang. Auf belastete Symbole wollte er verzichten. Deshalb suchte er nach einer neuen Hymne. Seine Wahl fiel schließlich auf das Lied „Land des Glaubens, deutsches Land" von Rudolf Alexander Schröder [M 34]. Heuss konnte sich aber mit seinem Vorschlag nicht gegen jene durchsetzen, die das „Lied der Deutschen" wieder zur Hymne wollten, allen voran Konrad Adenauer. So akzeptierte er schließlich folgenden Kompromiß: Das Deutschlandlied wird wieder Nationalhymne; bei offiziellen Anlässen soll nur die 3. Strophe gesungen werden.
Die Sendung endet mit der Frage nach dem Sinn nationaler Symbole angesichts des Prozesses einer zunehmenden europäischen Einigung.

3. Geschichte der deutschen Nationalhymne

3.1 Ursprünge

„... wer das deutsche Reich aufmerksam durchwandert, lernt zwar nach und nach Östreicher, Brandenburger, Sachsen, Pfälzer, Baiern, Hessen, Württemberger u. s. w. (...), aber keine *Deutschen* kennen und sucht im ganzen deutschen Reiche vergebens dieses *Germanien,* dessen *König* der erwählte Kaiser ist. Jeder von dieser ungeheuern Menge *Staaten im Staate* hat seinen eigenen kleinen Gemeingeist (...); was Wunder also, wenn *Gleichgiltigkeit* und *Kälte* gegen *allgemeines Nationalinteresse* (...) den Fremden als ein *Charakterzug der Deutschen* auffällt."[1]

Christoph Martin Wieland, der diese Klage nur wenige Jahre nach der Französischen Revolution von 1789 schrieb, zielte mit seinem Nationalbegriff auf die Utopie einer politisch einigen deutschen Nation. Mit dieser Vorstellung war er seiner Zeit deutlich voraus, denn im 18. Jahrhundert verstand man unter dem Begriff deutsche Nation allein das von deutschsprachigen Menschen bewohnte Gebiet. Man drückte damit aber nicht die Vorstellung eines gemeinsamen Staates aus.

Ganz anders im revolutionären Frankreich: Hier war der Begriff Nation vor allem ein politischer. Mit den auf das Individuum bezogenen revolutionären Forderungen – Freiheit, Gleichheit, Brüderlichkeit – war zugleich der Anspruch ihrer Allgemeingültigkeit formuliert: eine Nation von Freien, Gleichen und Brüderlichen, die sich zur Sicherung ihres Anspruchs ihren Staat schaffen wollten.

In Deutschland fehlte noch diese zunehmende Übereinstimmung von Nation und Staat. Der Begriff Nation kennzeichnete die ethnische und sprachliche Verwandtschaft zwischen den Menschen. Staat hingegen, das waren zum Zeitpunkt der Gründung des Deutschen Bundes 1815 [vgl. Karte 1] 1 Kaiserreich, 5 Königreiche, 1 Kurfürstentum, 7 Großherzogtümer, 10 Herzogtümer, 11 Fürstentümer und 4 Freie Städte, insgesamt also 39 mehr oder weniger bedeutende und souveräne staatliche Gebilde [s. auch M 27]. In ihren engen Grenzen spielte sich das politische Leben ab. Damit wird verständlich, warum sich auch die Begriffe Vaterland und Heimatland auf jene Kleinstaaten bezogen, in denen man lebte. Wollte man das nationale Ziel ausdrücken, bezog man den Begriff mit einem Adjektiv eindeutig auf diese umfassendere Bedeutung. So entstanden Bezeichnungen wie „gesamtes Vaterland, gemeinsames Vaterland, großes Vaterland, allgemeines Vaterland, deutsches Vaterland; deshalb fordert die dritte Strophe des Deutschlandliedes Einigkeit und Recht und Freiheit nicht für das Vaterland, sondern für das deutsche Vaterland".[2] Damit wird auch deutlich, wie politisch das von Ernst Moritz Arndt 1813 zu Beginn der Freiheitskriege verfaßte

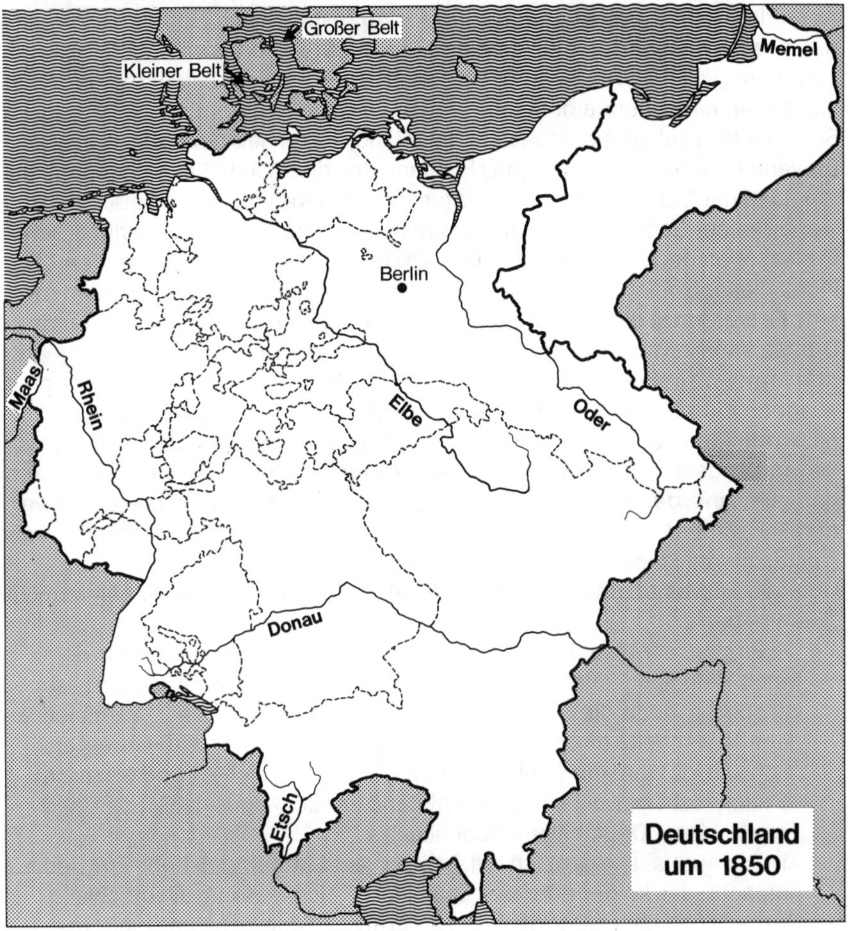

Karte 1

nationale Kampflied „Des Deutschen Vaterland" [M 21] in den Ohren der Zeitgenossen geklungen haben mußte, hob es doch diese Spannung im Begriff Vaterland jedermann ins Bewußtsein und machte die Forderung nach dem „ganzen Deutschland" zu einer politischen: die deutsche Nation als politisches Gebilde, als Staat, als Nationalstaat!

Mit der Wendung „Das ganze Deutschland soll es sein!" (6. Strophe) wurde Arndts Lied über die Befreiungskriege gegen Napoleon hinaus in fortschrittlichen Kreisen zur heimlichen nationalen Hymne. Vor allem kritische Intellektuelle – Dichter und Literaten, Professoren und Studenten – forderten öffentlich die Überwindung der Kleinstaaterei und der fürstlichen Landesherrlichkeit.

Auch der Dichter und Literaturprofessor August Heinrich Hoffmann, der sich nach seinem Geburtsort Fallersleben (heute ein Vorort von Wolfsburg) Hoffmann von Fallersleben nannte, war einer jener Intellektuellen, die der feste Glaube an eine geeinte deutsche Nation verband. Während eines Urlaubs im Sommer 1841 auf der Nordseeinsel Helgoland, die damals noch zum Königreich England gehörte, schrieb er ganz im Sinne des deutschen Einheitsgedankens ein „Lied der Deutschen" [M 26]. Unter anderem wegen dieses Gedichtes und wegen seiner Gedichtsammlung „Unpolitische Lieder" (1840/41) verlor er seine Professur an der Universität Breslau. Als Begründung wurde angegeben: „Der Inhalt dieser Gedichte hat als ein durchaus verwerflicher erkannt werden müssen. Es werden in diesen Gedichten die öffentlichen und socialen Zustände in Deutschland, und respective in Preußen vielfach mit bitterem Spotte angegriffen, verhöhnt und verächtlich gemacht; es werden Gesinnungen und Ansichten ausgedrückt, die bei den Lesern der Lieder, besonders von jugendlichem Alter, Mißvergnügen über die bestehende Ordnung der Dinge, Verachtung und Haß gegen Landesherrn und Obrigkeit hervorrufen, und einen Geist zu erwecken geeignet sind, der zunächst für die Jugend, aber auch im Allgemeinen nur verderblich wirken kann."[3] In einem Polizeibericht aus jener Zeit wird Hoffmann als „erstes gefährliches Subjekt" bezeichnet.
Über die Entstehung des Liedes berichtet Hoffmann in seiner Autobiographie „Mein Leben":

> „... Es ging recht munter her. Damit wir aber nicht dächten, daß es in dem freien Helgoland keine Polizei gäbe, so mußten wir auf die Marseillaise verzichten, denn die Musikanten durften sie nicht spielen ... Wenn ich dann so wandelte einsam auf der Klippe, nichts als Meer und Himmel um mich sah, da ward mir so eigen zumute, ich mußte dichten und wenn ich es auch nicht gewollt hätte. So entstand am 26. August [1841] das Lied ‚Deutschland, Deutschland über alles!' ...
> Am 29. August spaziere ich mit Campe[4] am Strande. ‚Ich habe ein Lied gemacht, das kostet aber vier Louisd'or!' ... Ich lese ihm ‚Deutschland, Deutschland über alles' [vor], und noch ehe ich damit zu Ende bin, legt er mir die vier Louisd'or auf meine Brieftasche ... Wir beratschlagen, in welcher Art das Lied am besten zu veröffentlichen [sei] ... Am 4. September bringt Campe das Lied der Deutschen mit der Haydnschen Melodie in Noten ..."*

„Dichter und Verleger erhofften einen großen Erfolg. Bereits am 4. September lag als Flugblatt ‚Das Lied der Deutschen' mit der Haydn'schen Melodie in Noten und einem Bild des Dichters gedruckt vor. Der erwartete Erfolg trat aber auf Jahre hinaus nicht ein. Wohl auf Campes Anregung hin wurde es erstmalig von

* Der Titel des Hamburger Erstdrucks lautet: „Das Lied der Deutschen von Hoffmann von Fallersleben. Melodie nach Joseph Haydn's: , Gott erhalte Franz den Kaiser, Unsern guten Kaiser Franz!' Arrangiert für die Singstimme mit Begleitung des Pianoforte und der Guitarre (Text Eigentum der Verleger). 1. September 1841. Hamburg, bei Hoffmann und Campe, Stuttgart, bei Paul Neff. 4. Bill. gr. 8°. Satz und Stereotypie von Fabricius (Preis 2 g. Groschen)."

Turnern und einer Liedertafel in Hamburg am 5. Oktober 1841 öffentlich gesungen, als man dem dort auf Besuch weilenden volkstümlichen freisinnigen badischen Professor Karl Welcker einen Fackelzug machte. Freudig berichtet Hoffmann von Fallersleben über die Begeisterung, die sein Lied auslöste."[5]

Das Drängen zur Einheit im Großen führte in der deutschen Studentenschaft zu der Konsequenz, die eigenen Ideale modellhaft im Kleinen verwirklichen zu wollen. So gründeten Jenaer Studenten im Jahre 1815 die Allgemeine Deutsche Burschenschaft, die bald auch in anderen Universitäten Zulauf erfuhr. In ihrer Verfassung vom 19. Oktober 1818 heißt es: „Die allgemeine deutsche Burschenschaft ist die freie und natürliche Verbindung der gesamten auf den Hochschulen sich bildenden deutschen Jugend zu einem Ganzen, gegründet auf das Verhältnis der deutschen Jugend zur werdenden Einheit des deutschen Volkes."[6]
Schon ein Jahr zuvor, im Oktober 1817, zum 4. Jahrestag der Siegesfeier der Völkerschlacht bei Leipzig, hatten sich auf der Wartburg bei Eisenach Studenten aus allen Teilen Deutschlands versammelt, um ihren politischen Forderungen nach Einheit und Freiheit Ausdruck zu geben. Die Farben der Fahnen, die sie trugen, wurden 1848/49 zu den Fahnen der deutschen Revolution: Schwarz, Rot, Gold. Schwarz und Rot, nach den Befreiungskriegen die Farben der Jenaer Burschenschaften, gingen – so wurde gerne behauptet – auf die Uniformfarben des Freikorps Lützow in den Freiheitskriegen zurück [vgl. auch M 28]. In der Verfassungsurkunde der Jenauer Burschenschaften wurde die Wahl der Farben allerdings anders begründet: „Eingedenk, daß bei jugendlichen Freuden auch stets der Ernst des Lebens zu bedenken sei, bestimmen sie [die Stifter, d. V.] Rot und Schwarz zu den Farben ihres Paniers."[7] Demgemäß erhielt die Urburschenschaft eine rot-schwarz-rot gestreifte Fahne, die mit einem goldenen Eichenzweig verziert war. 1816 erhielt die Fahne ihr noch heute gültiges Aussehen. Der Dreiklang der Farben erhöhte die Symbolkraft der Fahne, stand sie doch damit als „Dreifarb" in symbolischer Nähe zur Trikolore der Französischen Revolution.

Als Bismarck 1871, mehr als zwanzig Jahre nach dem erfolglosen revolutionären Versuch einer Reichseinigung von unten, die Einigung von oben durchsetzte, war es stimmig, daß nicht Schwarz-Rot-Gold die Farben des Deutschen Reiches wurden. Zu sehr hing ihnen der Ruch bürgerlich liberalen Freiheits- und Einigungskampfes an, zu sehr waren sie Symbol eines freien Volkswillens. Gustav Heinemann, der „Bürgerpräsident", warf 100 Jahre nach der Reichsgründung, am 17. 1. 1971, in seiner Fernsehansprache einen kritischen Blick auf die eigene Nationalgeschichte: Bismarck habe zwar mit ‚Blut und Eisen' die deutsche Einheit erreicht, gehöre aber nicht in die schwarz-rot-goldene Ahnenreihe derer, die mit der Einheit des Volkes zugleich demokratische Freiheit wollten. Die Reichsgründung – so Heinemanns Fazit aus dieser Überlegung – habe die Verbindung von demokratischem und nationalem Wollen zerrissen.

Das geeinte Deutschland war zunächst ein Reich der Fürsten, sein Herrscher ein Kaiser „von Gottes Gnaden". Die Flagge des Deutschen Reiches zeigte die Farben des preußischen Königshauses: Schwarz und Weiß, ergänzt durch Rot, die Farbe der Hansestädte. Schon mit der Gründung des Norddeutschen Bundes 1867 wurde diese Kombination zu den Bundesfarben bestimmt. Eine offizielle Nationalhymne wurde für das Deutsche Reich zunächst nicht verkündet. Der gebräuchliche hymnische Gesang war eine Lobpreisung des kaiserlichen Herrschers; die Melodie war als Lobgesang auf andere Kaiser- und Königshäuser bekannt: „Heil dir im Siegerkranz" [M 18].
Otto Busch schreibt: „Die Volksmeinung, daß ‚Deutschland, Deutschland über alles' der Siegesgesang von 1870/71 gewesen sei und bei der Gründung des Bismarckreiches das Volk begeistert habe, trifft keineswegs zu. Nationallied war damals die ‚Wacht am Rhein' [M 25]. Die einzelnen Bundesstaaten wurzelten noch zu sehr im Partikularismus, die Fürstenhymnen und die heimatbetonten Lieder der Kleinstaaten und Landschaften hatten bei nationalen Feiern zunächst noch immer das Übergewicht (‚Ich bin ein Preuße', ‚Vom Rheine begrenzt, durchspült von der Lahn', ‚Heil dir, o Oldenburg', ‚Schleswig-Holstein, meerumschlungen', ‚Pommernlied', ‚Wir lustigen Hannoveraner', ‚Westfalenlied' etc.). Erst nach 1871, als die ‚Wacht am Rhein' ihre Aufgabe erfüllt hatte und nachdem sich der Reichsgedanke allmählich durchsetzte, wurde das ‚Lied der Deutschen' volkstümlich."[8]
Aber an der 1. Strophe wurde schon früher – auch im Ausland – Anstoß genommen. Hoffmann von Fallersleben berichtet: „Im Dezember 1867 kritisierte der Deputierte Liegeard in der französischen Kammer anläßlich der Militärdebatte das Deutschlandlied. Seine Ausführungen bezogen sich auf die 1. Strophe und gipfelten in der Behauptung, eine Nation, die ein solches Lied singen könne, zeige einen Mangel an Bescheidenheit." In einem anderen Brief nimmt Hoffmann zu dieser Kritik Stellung: „Das Lied kann mit Recht gesungen werden, wenn es auch die ganze Welt außer Deutschland verdrießt."[9]

3.2 Proklamation in der Weimarer Republik

Obwohl das „Lied der Deutschen" auch 1918 noch keine offizielle deutsche Nationalhymne war, spielte es in den ersten Jahren der Weimarer Republik in weiten Kreisen der Bevölkerung eine entsprechende Rolle. So rief am 12. 5. 1919 der Präsident der Weimarer Nationalversammlung, Konstantin Fehrenbach (Zentrum), auf einer Kundgebung der Nationalversammlung: „Wie in glücklichen Tagen, so jetzt in dieser ernsten Stunde, bekennen wir uns zu unserem vaterländischem Hymnus. Er ist mißdeutet worden. Man hat gesagt, er sei eine Überhebung gegenüber anderen Völkern. Nein, das ist er nicht. Er ist nur der Ausdruck unserer innigen, gemüttiefen Liebe zu unserer Heimat. Er ist der Ausdruck der Verehrung für das Land unserer Väter."
Darauf erhob sich die gesamte Nationalversammlung von den Deutschnationa-

len bis hin zu den Sozialdemokraten und Unabhängigen Sozialdemokraten einschließlich des Volksbeauftragten Hugo Haase, und alle sangen gemeinsam: „Deutschland, Deutschland über alles".[10]

Aber erst am 11. August 1922, rund 80 Jahre nach seiner Entstehung, wurde das „Lied der Deutschen" vom ersten Reichspräsidenten der Weimarer Republik, Friedrich Ebert, zur offiziellen Nationalhymne der ersten deutschen Republik bestimmt [M 1]. Ebert begründet in einer Festansprache seine Wahl mit den Worten:

> „Einigkeit und Recht und Freiheit! Dieser Dreiklang aus dem Liede des Dichters gab in Zeiten innerer Zersplitterung und Unterdrückung der Sehnsucht aller Deutschen Ausdruck; er soll auch jetzt unseren harten Weg zu einer besseren Zukunft begleiten. Sein Lied, gesungen gegen Zwietracht und Willkür, soll nicht Mißbrauch finden im Parteikampf; es soll nicht der Kampfgesang derer werden, gegen die es gerichtet war; es soll auch nicht dienen als Ausdruck nationalistischer Überhebung. Aber so, wie einst der Dichter, so lieben wir heute ‚Deutschland über alles'. In Erfüllung seiner Sehnsucht soll unter den schwarz-rot-goldenen Fahnen der Sang von Einigkeit und Recht und Freiheit der festliche Ausdruck unserer vaterländischen Gefühle sein..."[11]

Gegen alle politisch und textkritisch klaren Ausdeutungsversuche Eberts stand dennoch die sinnbildende Macht des Faktischen, und die ließ beim „Alltagsgebrauch" der Hymne mitunter andere Töne mitschwingen. Die Legende von Langemarck [vgl. auch M 44] hatte mit ihrem verklärenden Blut-und-Boden-Mythos das Deutschlandlied zum nationalistisch-militaristischen Kampfgesang gemacht: „Am 11. November 1914 meldete der Bericht des Deutschen Großen Hauptquartiers: Westlich Langemarck brachen junge Regimenter unter dem Gesang ‚Deutschland, Deutschland über alles' gegen die erste Linie der feindlichen Stellung vor und nahmen sie."[12]

Theodor Eschenburg schreibt über den Langemarck-Mythos: „Diese Meldung des Heeresberichts war auch nach Kriegsende nicht vergessen worden – wenn auch der weniger pathetische Anlaß für den Gesang des Liedes in Vergessenheit geraten war. Der Nebel auf dem Schlachtfeld war nämlich so dicht gewesen, daß man Freund und Feind nicht unterscheiden konnte; blitzschnell mußten die Deutschen sich über ein akustisches Erkennungszeichen verständigen. Da die deutsche Nationalhymne ‚Heil dir im Siegerkranz' und das englische ‚God save the King' die gleiche Melodie hatten, wählten die Freiwilligen das Deutschlandlied."[13]

Es bleibt für manche Betrachter überraschend, daß ein sozialdemokratischer Reichspräsident diesen vor allem von republikfeindlichen Rechtskräften geliebten Gesang zur Hymne wählte, hatte doch die Arbeiterbewegung und mit ihr die Sozialdemokratie eine eigene klassenkämpferische Lied- und Sangestradition. Zu den bekanntesten Liedern gehörten „Brüder zur Sonne, zur Freiheit" [M 30] und „Wann wir schreiten Seit an Seit" [M 31]. Im „Lied der Deutschen" hingegen konnten sich weite Teile des organisierten Proletariats nicht wiederfinden; so ist es auch nicht verwunderlich, daß dieses Lied in einigen Liederbüchern der Arbeiterbewegung fehlte. Die Entscheidung für die Hymne war – so kann man vermuten – sowohl Ergebnis eigener Überzeugung als auch Tribut des Sozialdemokraten Ebert an jene politischen Kräfte rechts von der Sozialdemokratie, von denen er hoffte, sie würden die Republik stabilisieren helfen.[14]

3.3 Zeit des Nationalsozialismus

Es ist eine bittere Ironie der Geschichte, daß die Nationalsozialisten mit der von einem sozialdemokratischen Reichspräsidenten bestimmten Hymne der ersten Republik so gar keine Probleme hatten. Ganz im Gegenteil: Haben die Nationalsozialisten auch Demokratie und Parlamentarismus als „Gezänk der Parteien“ verspottet, waren ihnen Kommunisten und Sozialdemokraten als „Sendboten der Weltrevolution“ und damit als „Agenten des Bolschewismus“ verhaßt, galt ihnen kritische Literatur und Dichtung, Zeitungskultur und moderne Kunst als „jüdisch-bolschewistisches Geschmiere“, als „undeutsch“ und „entartet“, so kam ihnen dennoch die Hymne dieser Republik, vor allem ihre 1. Strophe, als legitimierendes Element ihrer Weltmachtansprüche und ihres arroganten Rasseideals gerade recht. Nur zu gut paßte die nach wie vor im rechten politischen Spektrum verbreitete Auslegung der 1. Strophe als traditionsverwurzelter Baustein in die nationalsozialistische Ideologie: „Deutschland, Deutschland über alles, über alles in der Welt!“ – erst nationaler Größenwahn, dann Programm, schließlich Kriegsziel [vgl. Karte 2].
Eine tragfähige, propagandistisch verwertbare Symbolik war für die nationalsozialistische Ideologie von entscheidender Bedeutung, zielte sie doch gerade auf eine emotionale Gleichschaltung der Massen. So wurden schon wenige Wochen nach dem 30. Januar 1933, dem Tag der „Machtergreifung“, die Symbole des NS-Staates in geschickter Balance zwischen rührseliger Tradition und kämpferischem Aufbruch neu bestimmt. So marschfüßig und lauthals die ideologische Umklammerung des Deutschlandliedes auch war, so radikal war dagegen der Bruch mit Schwarz-Rot-Gold!
Am 12. 3. 1933, dem „Heldengedenktag“, verfügte der greise Reichspräsident Hindenburg:

> „Am heutigen Tage, an dem in ganz Deutschland die alten schwarz-weiß-roten Fahnen zu Ehren unserer Gefallenen auf Halbmast wehen, bestimme ich, daß vom morgigen Tage ab bis zur endgültigen Regelung der Reichsfarben die schwarz-weiß-rote Fahne und die Hakenkreuzflagge gemeinsam zu hissen sind. Diese Flaggen verbinden die ruhmreiche Vergangenheit des Deutschen Reiches und die kraftvolle Wiedergeburt der deutschen Nation. Vereint sollen sie die Macht des Staates und die innere Verbundenheit aller nationalen Kreise des deutschen Volkes verkörpern!“[15]

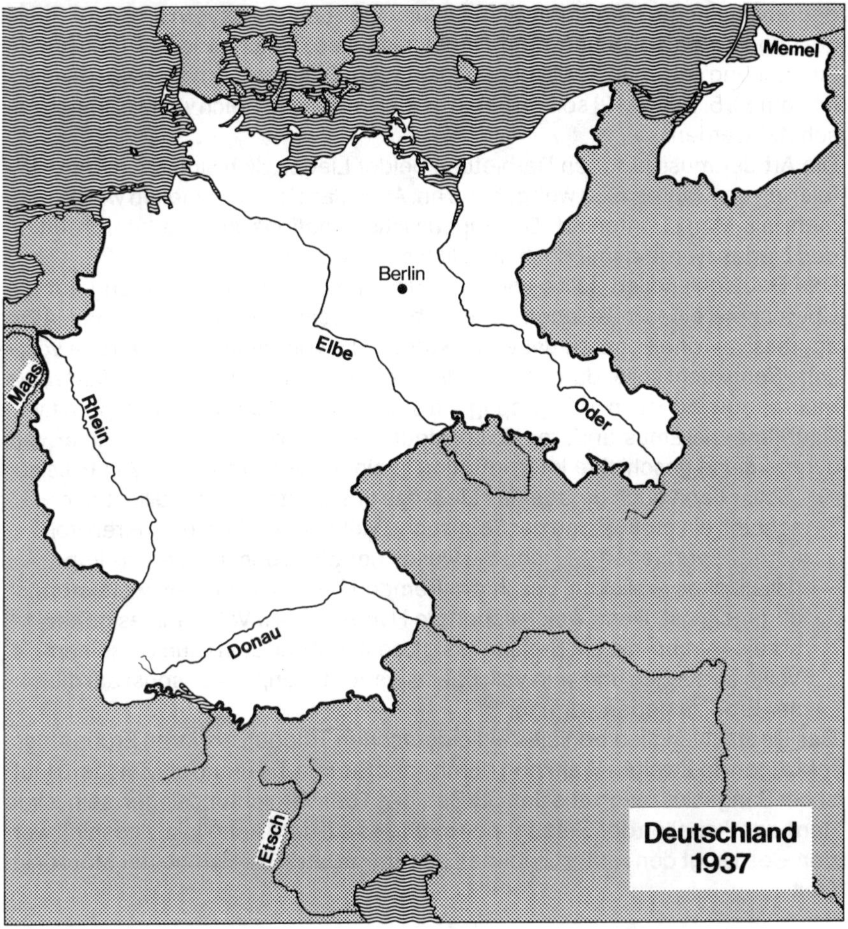

Karte 2

Schwarz-Rot-Gold, die Fahne der Burschenschaften und der bürgerlichen Revolution, die Fahne, mit der man für Einheit, konstitutionelle Sicherheit und politische Liberalisierung focht und die schließlich zur Flagge der ersten Republik wurde, paßte nicht in das nationalsozialistische Traditionsverständnis. Im März 1933, nach der Flaggenverfügung des Reichspräsidenten, erklang – jetzt zur Einheit eines Gesanges verschmolzen – nach der 1. Strophe des Deutschlandliedes das Horst-Wessel-Lied, das Kampflied der SA.[16]
Kurz darauf, am 27. 3. 1933, erklärte Bayern als erstes der deutschen Länder das Horst-Wessel-Lied faktisch zu einem Teil der Nationalhymne. Der damalige bayerische Kultusminister Hans Schemm verfügte: „Dieses zu historischer Be-

deutung gelangte Lied soll in allen Schulen des Landes Bayern an erster Stelle gesungen werden neben dem Deutschlandlied, welches letzte und größte Sinngebung sein muß."[17] Mit dem „Gesetz zum Schutze der nationalen Symbole" vom 19. 5. 1933 [M 2] sollten beide Lieder im ganzen Reich vor Mißbrauch geschützt werden.
Die Art der musikalischen Darbietung beider Lieder glich sich nach dem Maifeiertag des Jahres 1933 weitgehend an. Auch das Deutschlandlied wurde nunmehr als Marsch intoniert. Die imperialistisch-nationalistische Interpretation des Liedes wurde damit auch staatlich sanktioniert.[18]
Das Deutschlandlied sollte vor allem der emotionalen Einstimmung auf die Übernahme eines völkischen Kollektivbewußtseins und -willens dienen. Allzu aggressive Töne konnten dabei nur stören. Die von Hitler beschworene völkische Sehnsucht sollte durch höhere Weihen ihre suggestive Kraft entfalten. Sie mußte, zumindest in der propagandistischen Ausdeutung, vom primitiven Raub-Imperialismus anderer Völker deutlich geschieden werden. Hitler versuchte diese geschickte Interpretation in einer Rede am 1. 8. 1937 in Breslau:

> „So ist denn auch gerade das Lied, das uns Deutsche am heiligsten erscheint, ein großes Lied der Sehnsucht. Viele, besonders in anderen Völkern, sie verstehen es nicht. Sie wollen gerade in dem Lied etwas Imperialistisches erblicken, das ihrem fremden Imperialismus am weitesten abgeneigt ist. Denn welch schönere Hymne für ein Volk kann es geben als die Hymne, die ein Bekenntnis ist, sein Heil und sein Glück in seinem Volke zu suchen und sein Volk über alles zu stellen, was es sonst auf dieser Erde zu geben vermag."[19]

Das Deutschlandlied begleitete die deutschen Truppen bei ihren Eroberungsfeldzügen im Zweiten Weltkrieg durch ganz Europa. Es drang als Zeichen deutscher Sangeslust auch aus den SS-Baracken der Vernichtungslager, selbst von den Lagerkapellen der Gefangenen mußte es auf dem Appellplatz gespielt werden – es klingt den Hinterbliebenen der Ermordeten als Hymne der Mörder im Ohr.

3.4 Bundesrepublik Deutschland

3.4.1 Alte Hymne, neue Hymne

Nach dem Ende des Zweiten Weltkriegs waren viele nationale Symbole und Gesänge wegen ihrer Verwendung im Nationalsozialismus belastet. Deshalb verboten die Alliierten 1945 u. a. das Singen des „Deutschlandliedes". Im Gesetz Nr. 154 der amerikanischen Militärregierung heißt es z. B. [vgl. dazu M 3]:

> „Das Singen oder Spielen irgendwelcher militärischer oder nationalsozialistischer Lieder oder Musik oder deutscher oder nationalsozialistischer Nationalhymnen durch Organisationen, Personengruppen oder

Einzelpersonen in der Öffentlichkeit oder in Anwesenheit oder innerhalb einer Personengruppe oder Versammlung wird hiermit verboten und für gesetzwidrig erklärt... Dieses Gesetz tritt am 14. Juli 1945 in Kraft."[20]

Doch dieses Verbot konnte den „Traditionalismus", von dem Theodor Heuss später sagen sollte, er – Heuss – habe dessen „Beharrungsbedürfnis unterschätzt", nicht aus der Welt schaffen. Schon im Jahre 1948 wurde das Deutschlandlied auf einer Kundgebung der Deutschen Reichspartei in Wolfsburg wieder gesungen. Im folgenden Jahr unternahm der CDU-Abgeordnete Dr. Finck im Parlamentarischen Rat einen ersten Vorstoß, das Lied wieder gesellschaftsfähig zu machen. Er schlug vor, die 3. Strophe des Deutschlandliedes zur vorläufigen Hymne der Bundesrepublik zu bestimmen.

Als der Parlamentarische Rat am 23. 5. 1949 das Grundgesetz der Bundesrepublik Deutschland verkündete, sangen die Abgeordneten – als Ersatz für eine noch fehlende Nationalhymne – das Lied „Ich hab mich ergeben mit Herz und mit Hand dir Land voll Lieb und Leben, mein deutsches Vaterland" [M 22]. Dem Abgeordneten Carlo Schmid war es noch im letzten Augenblick gelungen, dem Organisten die Partitur zum Deutschlandlied zu entreißen. So wurde ein außenpolitischer Eklat vermieden.

Am 29. 9. 1949 brachte eine interfraktionelle Gruppe, der u. a. die Abgeordneten Dr. Ott, Ahrens, Hedler, Frau Kalinke, von Thadden angehörten, im Deutschen Bundestag den Antrag ein, alle drei Strophen des Deutschlandliedes zur Nationalhymne zu bestimmen [M 4]. Hinter dieser Forderung standen auch weite Teile der bundesdeutschen Bevölkerung. Der Antrag wurde jedoch zunächst zurückgestellt. Dennoch entstand mit diesen parlamentarischen Aktivitäten die grundsätzliche Frage, wem in der zweiten deutschen Republik die Entscheidung über eine neue Hymne vorbehalten bleiben sollte: dem Parlament oder dem Bundespräsidenten? Von Theodor Heuss, dem ersten Bundespräsidenten, wurde nämlich der Wunsch vertreten, den demokratischen Neuanfang auch durch die Schaffung einer unbelasteten neuen Hymne nach außen sichtbar zu demonstrieren.

Die Frage nach der Entscheidungskompetenz schien so wichtig, daß ein Rechtsgutachten bestellt wurde. Der Bonner Rechtswissenschaftler Professor Thoma hatte es am 7. 12. 1949 vorgelegt; veröffentlicht wurde es bisher nicht. 1978 zitiert Ansgar Skriver in einem Aufsatz erstmals aus diesem „Rechtsgutachten über die Fragen, ob und in welcher Begrenzung dem Bundespräsidenten die Organisationsgewalt und die Befugnis der Bestimmung einer Nationalhymne vorbehalten sind". Sein Ergebnis läßt sich nach Skriver folgendermaßen zusammenfassen: Für Thoma, den Verfasser des Gutachtens, ist das Grundgesetz von 1949 keine völlige Neuschöpfung, sondern steht in der Tradition des deutschen Staatsrechts. Die Frage wäre daher wie folgt zu entscheiden: Da die ehemals kaiserlichen Rechte zur Regelung von Staatssymbolen, Reichswappen und Reichssiegel in der Weimarer Verfassung auf den Reichspräsidenten übergegangen waren, wäre es in eben dieser Tradition des deutschen Staatsrechtes nur konsequent, nunmehr dem Bundespräsidenten diese Kompetenz zuzugestehen. Bliebe am Rande anzumerken, daß diese scheinbar gradlinige und schlüssige Argumentation im Abgleich mit dem Grundgesetz brüchig erscheint: Dem Bundespräsidenten ist in der gedachten Nachfolge ein gewichtiger Teil seines Rechtes schon genommen: Das Grundgesetz bestimmt in Artikel 22 die Farben der Bundesflagge.

Theodor Heuss entschied im August 1950, „daß bis zum Vorliegen einer neuen deutschen Nationalhymne das schöne Lied ‚Ich hab' mich ergeben' [M 22] zu singen ist". Trotz vieler Einsendungen und Vorschläge aus der Bevölkerung beauftragte der Bundespräsident den Dichter Rudolf Alexander Schröder, den Text zu einer neuen Nationalhymne zu verfassen. Schröder dichtete eine „Hymne an Deutschland" [M 34]. Theodor Heuss bat dann Carl Orff, eine Melodie zum Text von R. A. Schröder zu komponieren. Orff lehnte ab mit der Begründung: „Der Text des von mir sehr verehrten Meisters Schröder ist, wie Sie sagen, von so starker ‚geistiger Verhaltenheit', daß es schwer sein wird, ihn irgend geeignet zu vertonen. Mir persönlich erscheint diese Aufgabe unlösbar."[21] Schließlich wurde Hermann Reutter gewonnen, das Gedicht von R. A. Schröder zu vertonen. Diese Hymne erklang erstmals zur Jahreswende 1950/51 nach der Rundfunkansprache des Bundespräsidenten. Angenommen wurde diese Hymne von der Bevölkerung jedoch nicht.

Im Januar 1951 erfragte das Institut für Demoskopie in Allensbach[22] die Meinung der Bevölkerung der Bundesrepublik Deutschland zur Nationalhymne [vgl. hierzu auch Kap. 6]:

Ergebnis: 29 % waren gegen die neue „Hymne an Deutschland" [M 34]
8 % waren für die neue Hymne,
40 % kannten diese Hymne nicht,
23 % waren unentschieden.

Im September 1951 fragte das Institut für Demoskopie u. a.:

(1) Deutschland soll wie andere Länder wieder eine Nationalhymne haben. Es ist noch nicht entschieden, ob man wieder das Deutschlandlied nehmen soll. Sind Sie dafür oder dagegen, das Deutschlandlied wieder einzuführen?

Ergebnis: 73 % waren dafür,
9 % waren dagegen,
18 % waren unentschieden [vgl. M 5].

(2) „Als Nationalhymne wird im allgemeinen nur eine Strophe gesungen. Soll nun die 1. Strophe, also ‚Deutschland, Deutschland über alles', oder die 3. Strophe, ‚Einigkeit und Recht und Freiheit', gesungen werden?"

Ergebnis: 30 % waren für die 3. Strophe,
25 % waren für die 1. Strophe,
11 % war es gleich,
7 % kreuzten „andere Antworten" an,
27 % waren nicht für das Deutschlandlied.

So erhielten nun „durch Volkes Stimme“ jene Gruppen und Personen Rückenstärkung, die von Beginn an die Wiedereinsetzung des Deutschlandliedes als Nationalhymne gefordert hatten. Konrad Adenauer hatte schon am 18. April 1950 die Kraft des Faktischen gegen eine weitere Diskussion setzen wollen. Sicher im vollen Bewußtsein des Risikos, einen politischen Eklat zu provozieren – die Alliierten hatten das Verbot noch nicht aufgehoben –, forderte er bei einer Kundgebung im Berliner Titaniapalast die Anwesenden auf, mit ihm die 3. Strophe des Deutschlandliedes zu singen. Während einige Berliner Sozialdemokraten den Saal demonstrativ verließen, erhoben sich führende SPD-Politiker (Ernst Reuter, Louise Schroeder, Otto Suhr) von ihren Plätzen und sangen mit. Die anwesenden westalliierten Stadtkommandanten blieben sitzen. Die Regierungen der drei Mächte brachten später durch ihre Hohen Kommissare in Bonn ihre Verärgerung über Adenauers Vorstoß zum Ausdruck.
An diesem Ereignis zeigte sich, wie sehr für andere Völker und Staaten in dieser Melodie noch immer Rassenwahn und Weltmachtgelüste der Nationalsozialisten mitschwangen. So empfanden die Siegermächte das Absingen allein der 3. Strophe schon als Provokation. Auch bei deutschen Politikern traf dieses Vorgehen auf scharfe Kritik. Kurt Schumacher (SPD), Oppositionsführer im Bundestag, sprach von einem „Handstreich“. Er rügte damit vor allem den Stil, denn auch Schumacher war ein Befürworter des Deutschlandliedes. Jakob Kaiser, Minister für gesamtdeutsche Fragen, lobte hingegen das Vorgehen seines Parteifreundes Adenauer mit den Worten: „Ein schöner Staatsstreich!“ Die Heftigkeit der öffentlichen Diskussion verschärfte das Problem einer fehlenden Hymne für die Bundesrepublik Deutschland. Während bei internationalen Sportveranstaltungen Schillers und Beethovens Ode „An die Freude“ [M 17] erklang, kreierte der Volksmund einen Karnevalsschlager zur Volkshymne für den Hausgebrauch: „Wir sind die Eingeborenen von Trizonesien“.
Wenige Tage nach Silvester 1950 „präsentierte sich Bundeskanzler Dr. Adenauer auf der Freitreppe des Bonner Rathauses, um anläßlich seines 75. Geburtstages Gelegenheit zu Verbundenheitsbezeugungen zu geben. In den Schlußworten seiner Ansprache forderte er ein deutsches Leben in Einigkeit und Freiheit ... ‚Und nun singen wir: Einigkeit und Recht und Freiheit ...‘, wandte sich der Bundeskanzler an die Umstehenden. Doch das Orchester spielte ungeachtet seiner Aufforderung ‚Die Himmel rühmen des Ewigen Ehre‘. Weder Rudolf Alexander Schröders ‚Land des Glaubens, deutsches Land‘ [M 34] noch die 3. Strophe des Deutschlandliedes standen auf dem offiziellen Festprogramm. Freilich wäre diese Strophe in diesem Augenblick ein ziemliches Handicap gegen die Bemühungen des Bundespräsidenten um eine neue Hymne gewesen“.[23]

Bundeskanzler Adenauer drängte weiter auf eine Entscheidung in seinem Sinne. Seine Partei wußte er in dieser Frage geschlossen hinter sich. Auf dem Karlsruher Parteitag der CDU im Oktober 1951 beschlossen die Delegierten einstimmig, den Bundespräsidenten zu bitten, die 3. Strophe zur Hymne der Bundesre-

publik Deutschland zu bestimmen. Auch der Kanzler ließ kein Mittel ungenutzt, um dies zu erreichen. In einem Bulletin der Bundesregierung vom 6. November 1951 [M 5] wird noch einmal die positive Symbolkraft der alten Hymne mit dem Hinweis beschworen, kein anderes Lied sei so im Herzen des deutschen Volkes verwurzelt wie das Deutschlandlied. Vor allem die 3. Strophe bringe „in besonderer Weise seine seelisch-geistige Lage sowie das Wesen einer volksdeutschen Aufgabe für die Gegenwart zum Ausdruck".
Die Entscheidungskompetenz des Bundespräsidenten wurde zu diesem Zeitpunkt einhellig anerkannt. In der Sache hingegen standen sich zwei Gruppen gegenüber, die in öffentlicher Diskussion ihre Positionen mit unterschiedlichen Argumenten zu untermauern suchten.

Die *Befürworter des Deutschlandliedes* verwiesen unter anderem auf:
- ihre Interpretation der ursprünglichen Bedeutung des Liedes,
- die Bewahrung von Traditionen,
- den Bekanntheitsgrad von Text und Melodie,
- den Wunsch eines großen Teils der Bevölkerung, dieses Lied wieder als Nationalhymne zu singen.

Die *Befürworter einer neuen Nationalhymne* verwiesen dagegen unter anderem auf:
- den Mißbrauch der 1. Strophe des Deutschlandliedes durch nationalistische Kräfte und durch die Nationalsozialisten,
- zu erwartende Reaktionen im Ausland, wenn die „Nazi-Hymne" wieder verwendet würde,
- die Notwendigkeit, den demokratischen Neubeginn mit einer unbelasteten Nationalhymne zu unterstreichen.

Im Mai 1952 fiel im Zuge eines Briefwechsels zwischen Adenauer und Heuss [M 6] die Entscheidung. Nach der langen Phase des besonnenen Abwägens durch den Bundespräsidenten geschah dies eher unvermittelt und überraschend: *Das Deutschlandlied wurde wieder zur Nationalhymne; bei staatlichen Veranstaltungen sollte nur die 3. Strophe gesungen werden* [vgl. auch M 7].
Ob damit allein die 3. Strophe des „Liedes der Deutschen" zur Nationalhymne wurde oder sämtliche Strophen, blieb unter Juristen lange umstritten. Die herrschende Meinung, die Hymne umfasse alle drei Strophen, stützte sich vor allem auf die nicht eindeutige Formulierung im Schreiben Adenauers [M 6], bei staatlichen Veranstaltungen solle nur die 3. Strophe *gesungen* werden, und folgerte daraus, daß ansonsten auch die 1. und 2. Strophe gesungen werden dürften.[24]
Bundespräsident Heuss nahm in seinem Antwortschreiben vom 2. Mai 1952 [M 6] zu dieser Frage nicht explizit Stellung, stellte aber 1959 in einem Brief an Adenauer seine Meinung klar, daß nur die 3. Strophe gelten solle [M 8]. Dennoch blieb der öffentliche Streit bestehen. Erst im März 1990 hat das Bundesverfassungsgericht entschieden, daß nur die 3. Strophe des Deutschlandliedes strafrechtlich geschützt ist [s. M 9].

Theodor Heuss hat die verwickelten Hintergründe der 1952 plötzlich so eilig getroffenen Entscheidung nicht mehr aufdecken können. In verschiedenen Briefen kündigte er an, in seinen Memoiren zur Klärung beitragen zu wollen [z. B. M 45]. Er wollte in seinen Erinnerungen auch über seine „Niederlagen" als Bundespräsident berichten und dabei „einige erstaunliche Dinge" zur Entscheidung über das Deutschlandlied mitteilen.[25] Sein Tod hinderte ihn daran.

3.4.2 Die Frage der Rechtsverbindlichkeit

Wie ist der Brief des Bundespräsidenten vom 2. Mai 1952 [M 6] rechtlich zu bewerten? Wurde hierin eine verbindliche Entscheidung über ein Staatssymbol gefällt, wurde ein bestehendes Symbol bestätigt oder wurde nur eine rechtsunverbindliche Meinung geäußert? Im Grundgesetz war nur die Flagge, nicht aber die Hymne geregelt worden.

Die Juristen des Bundesverteidigungsministeriums bezogen in einer Schrift aus dem Jahre 1963 eine eindeutige, aber auch einseitige Position: „Die vom Bundespräsidenten vorgenommene Anerkennung soll bedeuten, daß die Funktion des Deutschlandliedes nach dem 8. Mai 1945 nur geruht hat und am 2. Mai 1952 wieder in Kraft getreten ist."[26]

Die Frage der Rechtsverbindlichkeit läßt sich auch anders stellen: „Hat die Bundesrepublik überhaupt eine Nationalhymne?"[27], so fragte vor einiger Zeit die Berliner Zeitung „Der Tagesspiegel" in der Überschrift eines Artikels. Hintergrund dieser provokanten Formulierung ist ein Juristenstreit um das Deutschlandlied. Dabei vertreten die beiden Juristen Hümmerich und Beucher[28] als Ergebnis einer Untersuchung aus Anlaß eines Verunglimpfungsverfahrens folgende Rechtsauffassung:

> „Zur rechtswirksamen Festlegung des Deutschlandliedes als Nationalhymne müßte, damit die erforderliche Außenwirkung zur Begründung eines Staatssymbols eintritt, ein förmliches Gesetz oder eine Rechtsverordnung ergangen sein. Es ist bekannt, daß ein förmliches Gesetz fehlt. Eine Verwaltungsvorschrift vermag die Nationalhymne nicht in rechtswirksamer Weise verbindlich zu bestimmen."[29]

Da der bundesdeutschen Nationalhymne „eine Rechtsnorm, die Außenwirkung begründen könnte", fehle, sei sie „als Staatssymbol der Bundesrepublik Deutschland" – so der Schluß der beiden Juristen – „bis auf den heutigen Tag nicht rechtswirksam bestimmt"[30] worden, kurz: die Nationalhymne sei gar keine. Diese Schlußfolgerung mag den Laien zunächst verblüffen, sie hat aber gravierende strafrechtliche Konsequenzen: Wenn die drei Strophen des Deutschlandliedes – wie alle Staatssymbole – unter dem besonderen Schutz unserer Strafgesetze stehen, ist die Nationalhymne kein Lied wie andere Lieder, die man verulken oder parodieren darf. Wer sich etwa angesichts der Tatsache, daß die aus heutiger Sicht großzügige Hoffmannsche Grenzziehung von der Maas in Belgien bis an die Memel in der Sowjetunion, von der Etsch in Italien bis an den

Belt in Dänemark dazu verführen ließ, über diesen politischen Anachronismus, der allein noch von historischem Interesse ist, zu spötteln, riskierte bis Anfang 1990 eine Anklage durch den Staatsanwalt, falls dieser Spott im Sinne des Gesetzes als „Beschimpfen oder bösartiges Verächtlichmachen" mit „Vorsatz" bzw. „bedingtem Vorsatz" gewertet wurde. In § 90 a StGB (Strafgesetzbuch) heißt es:

Verunglimpfung des Staates und seiner Symbole

(1) Wer öffentlich in einer Versammlung oder durch Verbreitung von Schriften (§ 11 Abs. 3)
1. die Bundesrepublik Deutschland oder eines ihrer Länder oder ihre verfassungsmäßige Ordnung beschimpft oder böswillig verächtlich macht oder
2. die Farben, die Flagge, das Wappen oder die Hymne der Bundesrepublik Deutschland oder eines ihrer Länder verunglimpft,
wird mit Freiheitsstrafen bis zu drei Jahren oder mit Geld bestraft.

Danach zeigen die „Eulenspiegeleien" jener juristischen Winkelzüge um Sein oder Nichtsein unserer Hymne einen ernsten Hintergrund: Ein Nicht-Staatssymbol wäre in dieser Weise auch nicht schützenswürdig, die Strafandrohung entfiele.
Betont werden muß, daß die referierte Auffassung, die Bundesrepublik Deutschland habe keine rechtsverbindliche Nationalhymne, bisher nur von Hümmerich und Beucher in die juristische Diskussion eingebracht und vertreten wurde. Der Jurist Hellenthal versucht in einer Replik, die vorgebrachten Argumente zu entkräften und zugleich die herrschende Meinung weiter zu untermauern: „Entgegen allen Erwartungen ist es offensichtlich doch notwendig geworden, darauf hinzuweisen, daß die Bundesrepublik Deutschland eine Nationalhymne hat." Nach dieser Einleitung und einer darauf folgenden mehrseitigen Erörterung stellt Hellenthal zusammenfassend fest:

> „Es gibt keinen allgemeinen Parlamentsvorbehalt für die Festsetzung der Nationalhymne... Die Bestimmung der Nationalhymne erfolgte durch ihre Anerkennung durch den Bundespräsidenten auf Vorschlag der Bundesregierung... Auch ohne ausdrücklich in der Verfassung geschriebene Kompetenz ist der Bundespräsident zur Schaffung bzw. Festsetzung von Staatssymbolen zuständig... Den Schutz der Nationalhymne vor Verunglimpfung gewährleistet § 90 a I Nr. 2 StGB. Diese Strafrechtsvorschrift stellt in rechtsstaatlich unbedenklicher und hinreichend bestimmter Weise darauf ab, daß Schutzgut das allgemein erkennbar und offiziell als Nationalhymne der Bundesrepublik Deutschland kreierte und staatlicherseits verwendete ‚Deutschlandlied' ist. Hierüber bedarf es auch aus strafrechtlicher Sicht keines förmlichen Gesetzes."[31]

In der Rechtspraxis hat es bisher nur wenige Urteile aufgrund einer Anklage wegen Verunglimpfung von Farben, Flagge, Wappen oder Hymne der Bundesre-

publik gegeben. In einem Urteil aus dem Jahre 1963 verneinten die Richter des Oberlandesgerichts Hamm tatbestandlich eine Verunglimpfung und verurteilten den Angeklagten statt dessen wegen „groben Unfugs".[32]
Im März 1990 gab es durch einen Spruch des Bundesverfassungsgerichts zu der Frage, ob alle drei Strophen des Deutschlandliedes unter dem Schutz des § 90 a StGB stehen, eine Klarstellung. In einem der behandelten Fälle ging es um eine satirische Umdichtung des Deutschlandliedes. Das Bundesverfassungsgericht stellte hierzu – im Gegensatz zu den Vorinstanzen – fest, daß nur die 3. Strophe des Deutschlandliedes strafrechtlich geschützt ist, weil nur sie bei staatlichen Veranstaltungen gesungen wird [M 9].
Aber auch in bezug auf die 3. Strophe muß die grundsätzlich garantierte Freiheit der Kunst berücksichtigt werden. Der strafrechtliche Symbolschutz von Flagge und Hymne dürfe nicht so verstanden werden, als sei eine Kritik oder Ablehnung verboten. Das Bundesverfassungsgericht führt dazu aus:

> „Angesichts der einschüchternden Wirkung, die staatliche Eingriffe hier haben können, muß eine besonders wirksame verfassungsrechtliche Kontrolle Platz greifen, soll die Freiheit dieser Lebensäußerung nicht in ihrer Substanz getroffen werden ... Der Symbolschutz [darf] nicht zur Immunisierung des Staates gegen Kritik und selbst gegen Ablehnung führen ... Da dem Mittel der satirischen Verfremdung ein größerer Freiraum zukommt als ihrem eigentlichen Inhalt, führt die Fehldeutung der Karikatur durch das Oberlandesgericht zum Verfassungsverstoß ... Diesen Aussagekern der Satire – die Anprangerung von Widersprüchen zwischen Anspruch und Wirklichkeit – vernachlässigt das Landgericht vollständig. Es kommt daher auch zwangsläufig zu der Beurteilung, das Lied wolle die Hymne der Bundesrepublik Deutschland und diesen Staat selbst verunglimpfen, ohne zu erwägen, ob durch die drastische Darstellung der Lebenswirklichkeit nicht im Gegenteil den durch Hymne und Verfassungsordnung vertretenen Idealen höhere Geltung verschafft werden sollte. Zumindest die Möglichkeit eines solchen Verständnisses hätte das Landgericht in Bayern sich vergegenwärtigen müssen, anstatt sich allein für eine strafrechtlich relevante Interpretation zu entscheiden."[33]

Nach Auffassung der Richter muß bei widerstrebenden Rechtsgütern – z. B. zwischen Artikel 5 GG und § 90 a StGB – in jedem einzelnen Fall geprüft werden, welche Norm eine höhere Geltung hat.

3.4.3 Schwierigkeiten beim Umgang mit Staatssymbolen

Es war eine unangefochtene und sinnträchtige Konsequenz, den demokratischen Neuanfang bei der Gründung der Bundesrepublik Deutschland durch eine Bundesflagge in den Farben der bürgerlich-liberalen Bewegung, der 48er Revolution und der ersten deutschen Republik zu symbolisieren: „Die Bundes-

flagge ist schwarz-rot-gold", heißt es in Artikel 22 des Grundgesetzes. Als Grundgesetzartikel von den Vertretern im Parlamentarischen Rat im Zuge der Gründung unserer Republik verkündet, erhielt die Bestimmung über dieses Staatssymbol Verfassungsrang.
Die DDR – dies sei hier am Rande bemerkt – griff bei der Entscheidung über ihre Staatsflagge ebenfalls auf die Farben der bürgerlich-liberalen Nationalbewegung zurück, ergänzte Schwarz-Rot-Gold im Jahre 1959 jedoch um die Symbole ihres Gesellschaftsverständnisses: Das Emblem mit Hammer, Zirkel und Ährenkranz versinnbildlicht das „Bündnis der fortschrittlichen Klassen", das Bündnis des Proletariats mit der Intelligenz und der Bauernschaft.
Die demokratische Tradition von Schwarz-Rot-Gold schien aus der Sicht beider deutscher Staaten ungebrochen.

Für das Deutschlandlied war die Situation komplizierter. Deshalb fehlt bis heute im Grundgesetz der Bundesrepublik Deutschland eine Regelung über die Nationalhymne. Erinnern wir uns: Die Substanz politischer Fortschrittlichkeit in der Symbolkraft dieses Liedes, d. h. die Sehnsucht nach einer politisch geeinten deutschen Nation, war mit seiner Vereinnahmung durch rechts-nationalistische Kreise schon im Kaiserreich belastet worden. Nach dem eindeutigen Mißbrauch der Hymne unter den Nationalsozialisten war eine gerade Traditionslinie von Liberalität und Fortschrittlichkeit nicht mehr aufzeigbar. Deshalb haben die Befürworter dieser Hymne nach 1945 bis in die heutigen Tage in ihrer Argumentation vor allem auf den *Ursprung* und damit auf die ganz frühe Bedeutung und Verwendung des Liedes verwiesen. Für sie schwingt in der Zeile „Deutschland über alles" kein überheblicher Nationalismus mit. Nicht im Sinne von „wertvoller" oder „besser" als andere Länder wollen sie „über alles" verstanden wissen, sondern im Sinne des politischen Zieles jener Zeit, den Flickenteppich der deutschen Kleinstaaten in einen geeinten Nationalstaat zu überführen.

Golo Mann spricht sicher für viele Deutsche, wenn er in den drei Strophen „reinste Lyrik"[34] sieht, die sich positiv von den oft blutrünstigen Texten anderer Nationalhymnen abhebt. Man kann das Deutschlandlied als Patriot lieben, ohne in den Verdacht zu geraten, ein Chauvinist zu sein [vgl. M 58].

Aber diese Interpretation des „Liedes der Deutschen" ist nicht unangefochten. Schon über die so gelobte literarische Qualität des Hoffmannschen Textes bricht der Zwist aus. *Walter Jens*, Germanist und Professor für Rhetorik, stellt auf der Suche nach demokratischen Deutungen der Hymne resigniert fest [vgl. M 54]: „... wen hätte sie schon inspirieren können, in ihrer Spießigkeit und ihrem Reichtum an gereimten und alliterierenden Formel-Phrasen (‚Schutz und Trutze', ‚Maas und Memel', ‚Herz und Hand')? Und dabei braucht man noch nicht einmal, mit Tucholsky, ‚von einem wirklich schlechten Gedicht' zu sprechen, ‚das eine von allen guten Geistern verlassene Republik zu ihrer Nationalhymne erkor'."[35]

Noch härter zeigt sich die Kontroverse bei der politischen Deutung des Textsinnes:
Die Befürworter der Hymne betonen, Hoffmann von Fallersleben, unbestritten ein liberaler Patriot, bringe in seinem volkstümlich gewordenen Lied die Sehnsucht vieler Menschen seiner Zeit zum Ausdruck, alle Deutschen mögen in einem gemeinsamen Vaterland leben, so wie etwa Franzosen und Engländer in ihren Staaten. Hoffmann kämpfte für *ein* Deutschland über all den vielen kleinen deutschen Vaterländern. Die Grenzen, die Hoffmann nennt, seien markante Sprachgrenzen gewesen, sie hätten nicht unbedingt auch Staatsgrenzen werden sollen. „Deutschland über alles" hieße – so eine weitere Interpretation – ein geeintes Deutschland über alles *lieben.* Weshalb man sein Vaterland über alles lieben solle, weshalb über dem Vaterland nichts stehen solle, wird allerdings nicht erklärt.
Für die Kritiker sind diese Interpretationen selbst im historischen Kontext nicht überzeugend. *Walter Jens* [s. auch M 54] glaubt, schon in der Urbedeutung den Gestus nationaler Überheblichkeit ausmachen zu können: „‚Deutschland, Deutschland über alles': Das kann, wie die Forschung längst bewiesen hat, nichts anderes heißen als: Deutschland ist mehr, ist größer, ist mächtiger als alles, sofern es seine politische Einheit gewinnt. Die Zeugnisse, vor allem das Vor-Lied der Hymne, der Kampf-Gesang ‚Östreich über alles'[36] [M 20] sprechen für sich und setzen jene ins Unrecht, die *über alles* im Sinn von ‚liebenswert wie sonst nichts' verstehen möchten."[37]
Auch der Sprachwissenschaftler *Helmut Berschin* kommt zu dieser Deutung, nachdem er zunächst über den vielumstrittenen Anfangsvers der ersten Strophe ausführt: „Er wird in zweierlei Weise gedeutet, einmal als Bekenntnis der Liebe zu Deutschland, zum anderen als Deutschlands Herrschaftsanspruch über andere Völker. Rein sprachlich sind beide Formulierungen möglich; denn es fehlt in der elliptischen Formulierung *Deutschland, Deutschland über Alles* das erläuternde Verbum, das den Sinn präzisiert zu ‚wir wollen Deutschland über Alles lieben' oder ‚Deutschland soll über alles herrschen'."[38]
Auf den literarischen Sprachgebrauch der Entstehungszeit bezogen, kommt Berschin zu folgendem Urteil: „Die Wendung *über Alles* war seinerzeit eine literarische Formel und bedeutete ‚ist stärker als Alles', ‚ist mehr als Alles'. In dieser Bedeutung kommt *über Alles* in einem Vorläufer des Deutschlandliedes vor, dem Kampflied ‚Östreich über alles' ... Entsprechend gilt für die Anfangsverse des Deutschlandliedes die Deutung: Deutschland ist stärker als andere Länder der Welt, wenn – nun folgt die Bedingung – ‚es (...) brüderlich zusammenhält', also politisch geeint ist." Berschin klammert an dieser Stelle die genauere Zweckbestimmung dieser Bedingung aus, obwohl sie seine Deutung noch bekräftigt: „wenn es stets *zu Schutz und Trutze* brüderlich zusammenhält". Berschin verweist ferner auf das Gedicht „Eins und Alles"[39], das Hoffmann kurz vor dem Deutschlandlied verfaßt hat. In der Schlußstrophe heißt es: „Deutschland erst in sich vereint!/Wenn uns das einmal gelingt,/Hat die Welt noch einen Feind,/ Der uns wiederum bezwingt?"

Für viele Kritiker steht fest, daß das „Lied der Deutschen“ schon in seiner frühen Bedeutung und Verwendung nicht nur die Sehnsucht nach nationaler Einheit ausdrückte, sondern „einen Hegemonialanspruch des nationalliberalen Bürgertums wiedergab.“[40] Damit stehen zwei grundsätzlich unterschiedliche Auffassungen über die ursprüngliche Bedeutung des Deutschlandliedes nebeneinander. Unumstritten ist, welche Interpretation heute offiziell gewünscht und gefördert wird. Bleibt es damit ein Streit um Worte, wenn man den Kritikern im In- und Ausland vorhält, sie hätten den wahren Sinn des Textes verkannt – den Briten etwa, als sie die erste Zeile mit den Worten übersetzten „Deutschland, Deutschland, first of nations“? War diese Interpretation des Textes nicht schon vor 1933 in vielen Phasen der deutschen Geschichte der Realität weitaus näher, als es eine feinsinnigere Textdeutung hätte sein können? – Und nach 1945? Wenn *Theodor W. Adorno* einmal anmerkte, nach Auschwitz könne man keine Gedichte mehr schreiben, so wollte er damit darauf hinweisen, daß nach zwölf Jahren nationalsozialistischer Herrschaft Schöngeistiges nicht mehr von Politischem zu trennen war. Die deutsche Sprache hatte ihre Unschuld verloren. Um wieviel mehr mußte dies für Lieder gelten, die beim Fahnenappell und in den SS-Baracken von Auschwitz gesungen wurden. Hatte nicht spätestens jetzt gerade und vor allem auch das Deutschlandlied seine „Unschuld“ verloren? *Axel Eggebrecht,* demokratisch engagierter Journalist der ersten Stunde, selbst Verfolgter des Naziregimes, schrieb im Zusammenhang mit der Diskussion um die Wiedereinsetzung des Deutschlandliedes als Nationalhymne in den 50er Jahren: „Im KZ mußten wir die heiligen Worte Recht und Freiheit nach Kommando hinausbrüllen. Wächter mit Knüppeln umstanden uns, brüderliche Gesangslehrer. Und das sollen wir nun wieder singen, als sei nichts gewesen? ... Das ist nun einmal vertan und verdorben.“[41]
Sicher waren *Theodor Heuss*, dem ersten Bundespräsidenten, der mit der Symbolkraft seiner Person eine zivile Demokratie begründen wollte, diese Probleme bewußt, als er am 2. Mai 1952 an Konrad Adenauer schrieb [M 6]:

> „Als mich die Frage nach einer Nationalhymne bewegte ..., glaubte ich, daß der tiefe Einschnitt unserer Volks- und Staatengeschichte einer neuen Symbolgebung bedürftig sei, damit wir vor der geschichtlichen Tragik unseres Schicksals mit zugleich reinem und freiem Herzen, in klarer Nüchternheit des Erkennens der Lage bestehen werden. Ich weiß heute, daß ich mich täuschte. Ich habe den Traditionalismus und sein Beharrungsbedürfnis unterschätzt.“

Wenn wir einem Anstoß *Gustav Heinemanns,* des „Bürgerpräsidenten“, folgen und die fortschrittlichen, demokratischen und liberalen Traditionen unserer Geschichte gut sichtbar und lehrreich ins Bild setzen wollen, dann hat trotz aller Widersprüchlichkeit auch das „Lied der Deutschen“ hier seinen Platz. Doch – so muß man wohl ergänzen – war es dieser Präsident, der, als er das wichtigste Repräsentationsamt unserer Republik schon einige Jahre innehatte, überrascht zur Kenntnis nehmen mußte, daß nach herrschender Rechtsauffassung alle drei Strophen des Deutschlandliedes Hymne der Bundesrepublik waren;

für ihn war es immer nur die dritte. 1990 ist Gustav Heinemann durch das Bundesverfassungsgericht in seiner Auffassung bestätigt worden.

3.5 Die Zukunft der Nationalhymnen

Haben sich Nationalhymnen bald ganz überlebt? Finden die Staaten unseres Kontinents zu einer friedvollen Zukunft im „gemeinsamen Haus Europa", wird sich die Menschheit gar ihrer Verantwortung für das gemeinsame „Haus Erde" bewußt, könnten da nationale Symbole und Zeremonien völlig überflüssig werden? Oder wird ihre Bedeutung eher wieder steigen? Es gibt viele Staaten, in denen die Nationalhymne eine besondere Rolle für die nationale Identität spielt. Hierzu gehören z. B. die baltischen Republiken in der Sowjetunion, aber auch Polen, Ungarn und Rumänien sowie viele Staaten der Dritten Welt.

Doch nicht nur unsere Hymne ist durch nationalistische Mißklänge belastet. Kritiker meinen, daß viele Hymnen bestenfalls Quellen historischen Verständnisses seien. Die oft widerspruchsvollen Prozesse der Herausbildung von Nationalstaaten führten auch zu nationaler Arroganz, zu Überheblichkeit und zu aggressiver Abgrenzung nach außen. Fast alle Hymnen taugen somit auch als Schlachtgesänge; ihre Aussagen waren stets ambivalent. Dazu schreibt *Wilhelm von Sternburg,* Abteilungsleiter „Fernsehen und Nachrichten" beim Hessischen Rundfunk:

> „Staatssymbole gehörten immer zu den ‚heimlichen Verführern', offene Abgrenzung und versteckte Aggression schürten sie. Die Wappentiere – Adler, Bär, Löwe – symbolisieren Macht und Stärke. Die Friedenstaube auf dem Tuch hat dagegen selten zu Begeisterungsstürmen hingerissen. Bei der Instrumentierung der Nationalhymnen beherrschte das laute, pathetische Blech die Partituren, ihre Texte sind chauvinistisch. Der liebe Gott soll Amerika oder die Queen segnen, Deutschland stand über allem – der andere interessierte nicht; nicht die Solidarität einer zum gemeinsamen Schicksal verurteilten Menschheit wird gefordert, sondern der nackte Gruppenegoismus besungen. Gedenktage sind Siegesfeiern – nicht die Opfer, die Täter beherrschen die Szene. Die Flagge weht, die Hymne erklingt."[42]

Sternburg macht deutlich, daß nicht allein die Texte der Hymnen, sondern auch ihre Verwendungszusammenhänge geeignet sind, über zelebrierten Nationalstolz – gewollt oder ungewollt – einen intoleranten Nationalismus zu befördern. Nicht die Worte allein tragen die Bedeutung, vielmehr sind die Hymnen in ihren Verwendungszusammenhängen Bestandteile von Gruppenritualen mit allen Verästelungen historischer und aktueller Auswüchse. Mit der bewußten Nutzbarmachung in Regung gebrachter Emotionen kann schon ein erster Schritt zu nationalistischer Überheblichkeit getan sein.

Wie ist es zu erklären, daß wir dieses Lied so oft aus den falschen Kehlen hören? Wer es freiwillig, außerhalb offizieller staatlicher Anlässe anstimmt, tut dies meist lauthals grölend und oftmals mit dem Text der ersten Strophe. So hatten z. B. schon 1954 auf einem Schlesiertreffen in Hannover „die meisten Teilnehmer... trotz der Aufforderung des Versammlungsleiters, die dritte Strophe zu singen, besonders kräftig und herausfordernd die erste Strophe“[43] gesungen. Wie wollen wir es bewerten und wie bewertet uns das Ausland, wenn z. B. der blonde Sänger Heino im ehemaligen „Deutsch-Südwest“, heute Namibia, in einer öffentlichen Veranstaltung unter großem Beifall der deutschstämmigen Südwester mit markiger Stimme alle drei Strophen des Deutschlandliedes intoniert und dies mit dem Hinweis gerechtfertigt wird, er pflege damit deutsches Kulturgut? Oder – ein anderes Beispiel – wenn eine Partei wie die DVU (Deutsche Volksunion) im Europawahlkampf 1989 ihren Fernsehwerbespot mit der ersten Strophe des Deutschlandliedes ausklingen läßt und die provozierende Botschaft „Deutschland... über alles in der Welt!“ wie ein braunes Gespenst über öffentlich-rechtliche Fernsehkanäle auch unsere Nachbarvölker erreicht? Für viele ist es keine einmalige Begegnung mit diesen Zeilen: Wenn im Fußballstadion bei einem Länderspiel militärisch blechern die Haydnsche Melodie erklingt, kann man oftmals ein provozierendes „Deutschland, Deutschland über alles...!“ aus einigen Rängen vernehmen. Melodien sind geduldig.

Tragen überkommene Symbole und Rituale die Gefahr nationalistischer Überhöhung und damit die Gefahr des Mißbrauchs somit schon in sich?

> „Mit Staatssymbolen haben die Führer der Völker noch stets Mißbrauch betrieben. Natürliche menschliche Regungen wie Mitleid, Fairneß, Hilfsbereitschaft sind häufig mit nationalen, vaterländischen Appellen erstickt worden. Der Rausch, die Weigerung, der Vernunft zu folgen, wird auch durch das Hissen der Nationalflagge oder das gemeinsame Absingen der Hymne erzeugt. Staatsmänner oder Parteiführer, die suggerieren wollen, daß Selbstbewußtsein und historische Identität von der Nutzung und Darstellung staatlicher Symbole abhängt, haben – gelinde ausgedrückt – nichts aus der Geschichte gelernt. Das Mißtrauen vieler Deutscher gegenüber der Demonstration staatlicher Macht beweist erheblich höhere Lernfähigkeit der Bürger der zweiten deutschen Republik, als es vielleicht manchem lieb sein mag. Gustav Heinemann fand einst auf die Frage, ob er den Staat liebe, die schlichte, tiefsinnige Antwort: ‚Ich liebe meine Frau‘.“[44]

So wie zwischen Politikern [s. M 10–15], Professoren und Journalisten sporadisch die Diskussion um das Deutschlandlied entbrennt, so tauchen auch in der übrigen Bevölkerung [M 59] immer wieder Argumente ganz unterschiedlicher Art für und wider unsere Hymne auf. Einige häufig vorgebrachte Pro- und Contra-Argumente seien an dieser Stelle zusammengefaßt:

Pro und contra Nationalhymne:

- Das vorhandene Identifikationsbedürfnis Jugendlicher benötigt als Bezugspunkte Symbole und Zeremonien. Daher sollte die Hymne bei jeder passenden Gelegenheit gesungen werden.
- Nur die 3. Strophe ist nach dem Mißbrauch der 1. Strophe als Nationalhymne akzeptabel.
- Alle drei Strophen bilden die Nationalhymne. Der Mißbrauch der 1. Strophe kann uns nicht abhalten, das ganze Deutschlandlied zu singen.
- Die 1. Strophe eignet sich als Provokation, ohne daß damit NS-Ziele propagiert werden sollen.
- Wir haben ebenso wie andere Staaten ein Recht auf historische Kontinuität: deshalb alle drei Strophen.
- Alte Nazis und Neo-Nazis wollen mit der 1. Strophe NS-Ideologie wiederbeleben.
- Allein schon die Melodie des Deutschlandliedes erinnert an die NS-Verbrechen und ist deshalb nicht mehr tragbar.
- Die in der 1. Strophe beschriebenen Grenzen Deutschlands werden heute vor allem von unseren östlichen Nachbarn als Bedrohung empfunden.
- Nationalhymnen haben in unserer Zeit so sehr an Bedeutung verloren, daß sie anachronistisch und damit überflüssig sind.

4. Zur Melodie des „Deutschlandliedes“

Im Herbst des Jahres 1796 schrieb Joseph Haydn ein „Volkslied“ [M 19] auf einen Text von Lorenz Leopold Haschka. Das Werk entstand im Auftrag des Regierungspräsidenten von Niederösterreich, Franz Josef Graf von Saurau, und wurde am 12. Februar 1797 anläßlich des Geburtstages von Kaiser Franz II. in der österreichischen Monarchie landesweit aufgeführt.[1]

Haydns Melodie, später „Kaiserhymne“ genannt, folgt formal dem Vierzeiler des Textes, gliedert sich musikalisch aber nur in drei Abschnitte: einen Vordersatz, der mit neuem Text wiederholt wird, einen Zwischensatz und einen Nachsatz, der ebenfalls wiederholt wird, allerdings mit derselben Textzeile. Der Vordersatz besteht aus zwei zweitaktigen Phrasen, von denen die zweite spannungsreich zur Dominante ansteigt. Durch Verkürzung der Phrasen auf jeweils einen Takt erfährt der Zwischensatz zunächst eine Intensivierung, um in den folgenden zwei Takten zur Dominante zu modulieren (Haydns Harmonisierung erfolgt über die Tonikaparallele und die Doppeldominante). Der Nachsatz beginnt mit dem Spitzenton auf der Oktave, von wo aus die Melodie allmählich abwärtsgleitet; auch hier wird das Kopfmotiv nach einem Takt sequenzartig wiederholt [s. Notenbeispiel 1 mit graphischer Darstellung]. Der melodische Höhepunkt am Beginn des Nachsatzes wird in der gängigen Instrumentation unserer Nationalhymne durch eine vorausgehende Trompetenfanfare wirkungsvoll unterstrichen.

Notenbeispiel 1

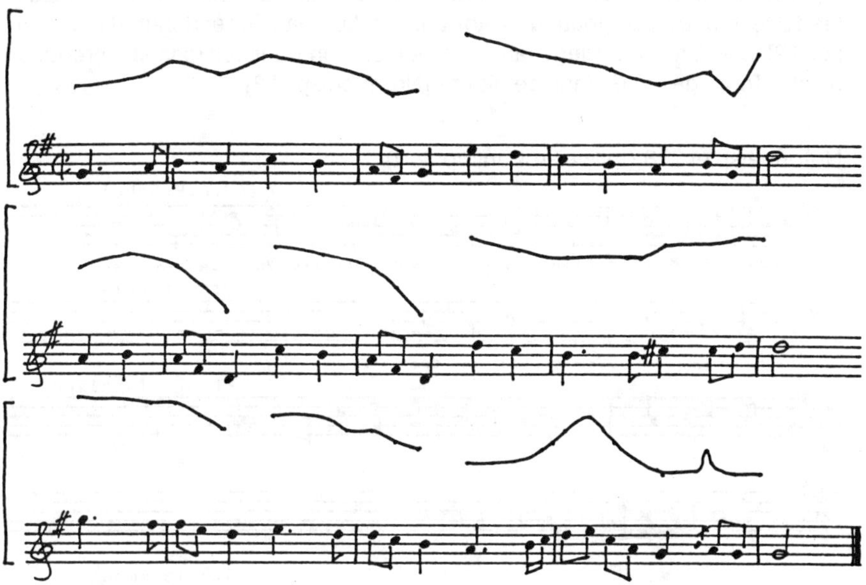

Schon vor Hoffmann von Fallersleben wurden der Melodie nicht weniger als vier verschiedene Texte unterlegt (von den vielen Übersetzungen ganz zu schweigen); die Melodie selbst erfuhr zahlreiche Bearbeitungen. Joseph Haydn verarbeitete die Kaiserhymne im Variationssatz seines Streichquartetts op. 76/3, dem danach benannten „Kaiserquartett", von dem er im Jahre 1797 eine Klavierfassung anfertigte. Bald gab es Variationswerke von anderen Komponisten, u. a. Carl Czerny, und Bearbeitungen für nahezu alle Besetzungen. Besonders erwähnt seien die Vokalbearbeitungen für Männerquartett von Haydns jüngerem Bruder Michael (1806) und für achtstimmigen Chor von Joseph Kratky (1910) sowie ein Arrangement für Militärmusik – seinerzeit „türkische Musik" genannt – von Franz Krommer (1827). Es wurde abgelöst durch die offizielle noch immer gültige Instrumentation von Karl Komzák, etwa um die Jahrhundertwende entstanden und den modernen Besetzungsmöglichkeiten angepaßt.

Für den Unterricht besonders lohnend ist die Gegenüberstellung der Fassung für Militärmusik mit ihrer marschartig-hymnischen Klangballung einerseits und dem Variationssatz aus dem Kaiserquartett mit seinem ruhigeren Tempo, seiner zarten Besetzung und seiner durchsichtigen, teilweise harmonisch kühnen Satzweise andererseits.

Die starke Ähnlichkeit der Kaiserhymne mit anderen bekannten (und auch weniger bekannten) Melodien ist immer wieder auffallend, z. B. mit dem Claudius-Lied „Der Mond ist aufgegangen“ von Johann Abraham Peter Schulz [Notenbeispiel 2]. Die Vermutung liegt nahe, daß beiden Komponisten dieselbe gregorianische Tonfolge als Grundlage diente [Notenbeispiel 3].

Notenbeispiel 2–8 (teilweise transponiert)

Friedrich Klausmeier[2] fand ein kroatisches Volkslied, dessen erste viertaktige Phrase nahezu identisch ist [Notenbeispiel 4]. Er nimmt an, daß Haydn dieses Volkslied gekannt und bewußt adaptiert hat. Darüber hinaus fallen weitere Parallelen auf, z. B. zu J. S. Bachs Invention D-Dur, BWV 774, aus dem Jahre 1723 [Notenbeispiel 5] oder zu einem Thema aus G. Ph. Telemanns „Getreuen Musik-Meister“, vom Jahre 1728 [Notenbeispiel 6].
So wie das berühmte Thema der Paukenschlag-Sinfonie in der Arie Nr. 4 des Simon in Haydns Oratorium „Die Jahreszeiten“ unverändert wiederauftaucht, so begegnen wir auch Teilen der Hymnenmelodie in anderen Kompositionen Haydns wieder: dem Kopfmotiv im 3. Satz des Trompetenkonzertes Es-Dur [Notenbeispiel 7] und dem Höhepunkt des Nachsatzes im „Benedictus“ der Mariazeller Messe [Notenbeispiel 8]. Mehrere dieser Varianten wurden von Justus Mahr zusammengetragen, der auch ihren Einsatz im Unterricht darstellt.[3]

5. Zur Literaturgeschichte der deutschen Nationalhymne

Den Gedanken, was ein geeintes Deutschland den Deutschen bedeuten müsse, haben vor Hoffmann von Fallersleben andere deutschsprachige Dichter ebenfalls gehabt. Vielleicht der wichtigste, sicher aber der früheste ist Walther von der Vogelweide (etwa 1170 bis etwa 1230). Als Dichter und Sänger, offenbar ritterbürtiger Herkunft, zieht er durch die Lande. Er kommt weit herum, wie eines seiner Lieder [M 16] zeigt. Die Zerrissenheit Deutschlands erfährt er am eigenen Leibe als Unsicherheit auf den Straßen und als gegenseitige Feindseligkeit der Herren, an deren Höfen er sich aufhält. Dieser Walther macht eine Erfahrung im Wortsinne: ahd. „faran", mhd. vâren, das mit Vorsilbe im Neuhochdeutschen „erfahren" ergibt, bedeutet wandern. Bei seinen ausgedehnten Fahrten (= Wanderungen) in zum Teil unzureichendem Schuhwerk bemerkt Walther, daß die Menschen, die in der Mitte Europas wohnen, zwar sehr verschiedene Dialekte sprechen und so verschieden aussehen wie Menschen in verschiedenen Ländern, aber eine gemeinsame Sprache und eine gemeinsame Kultur haben. Seinen Zuhörern singt er, als er nach jahrelangem Umherziehen nach Österreich zurückkehrt, mit gewonnenem Selbstbewußtsein und mit der Gewißheit einer vorhandenen sprachlichen und kulturellen Einheit (3. Strophe):

Ich hân lande vil gesehen
unde nam der besten gerne war.
übel müeze mir geschehen,
kunde ich ie mîn herze bringen dar,
daz im wol gevallen
wolde fremeder site.
nû waz hulfe mich, ob ich unrehte strite?
tiuschiu zuht gât vor in allen.

Dieser Gesang [M 16] enthält die Erfahrung, daß es einen deutschsprachigen Kulturraum gibt. Er drückt Walthers Freude aus, in diesen Kulturraum zurückgekehrt zu sein. Er gestaltet nach dem Muster des Frauenlobs, bei dem eine Herrin vor allen anderen Frauen verehrt wird, das Lob der deutschen Frauen, die die Frauen der Nachbarländer an Schönheit und Tugend übertreffen sollen.
Der Vers „tiuschiu zuht gât vor in allen" ist eine Vorwegnahme des „Deutschland, Deutschland über alles". Es ist eindeutig, worin für Walther der Vorzug des Deutschen besteht: in Erziehung und Betragen von Männern und Frauen und in der äußeren Erscheinung der Frauen. Was an Walthers Lied also Wertung ist, ist sicher unrealistisch. Es entspricht aber einem darunterliegenden literarischen Muster und wird relativiert als Idealwahrnehmung auf dem Grunde starker politischer Zerrissenheit.

Texte und Lieder, die von Deutschland sprechen oder Deutschland loben, hat es danach immer wieder gegeben. Es gab das innige Lied „Kein schöner Land“ von Wilhelm von Zuccalmaglio [M 23], das in deutschen Schulen lange Zeit wie ein Volkslied gelehrt wurde. Es konnte als populär gelten trotz sprachlicher Ungeschicklichkeiten wie „Da haben wir so manche Stund' gesessen *da*...“, trotz des nachlässigen Tempowechsels in „...und taten singen; die Lieder klingen...“, trotz solcher Unbestimmtheit wie „als hier das unsre weit und breit“. Sein Inhalt ist immer so verstanden worden, daß sich (junge) Männer und Frauen unter Linden trafen und sangen. Der altväterische Abendgruß „Nun, *Brüder,* eine gute Nacht“ sollte dieses Verständnis nicht verstellen. Matthias Claudius in seinem „Abendlied“ sagt ebenfalls „So legt Euch denn, Ihr *Brüder,* in Gottes Namen nieder“ und meint gewißlich nicht Männer, sondern Menschen. Die Idylle, die darin besteht, daß man sich „in diesem Tal“ wiedertreffen will und daß der Liedinhalt in einer friedlichen Nacht versinkt, ließ das beliebte Lied immer Lied bleiben.

Lieder, die Hymnen werden können, sehen anders aus. Ernst Moritz Arndt (1769–1860) hat ein solches Lied 1813 geschrieben: „Des Deutschen Vaterland“ [M 21]. Es klingt nicht in einem Heimattal, sondern hält in der Weite deutscher Lande Ausschau, es verweilt nicht an einem Platz unter Linden, sondern benennt die Landschaften, die „des Deutschen Vaterland“ ausmachen. Schon zu Beginn des Liedes wird ein Gebietsumfang Deutschlands gezeichnet, der etwa dem entspricht, von dem Hoffmann von Fallerslebens Lied in seiner ersten Strophe handelt. Vom Rhein bis nach Königsberg, vom Belt bis zum Bodensee erstreckt sich bereits ein bedeutender Raum. Das ungeduldige Fragen aber geht weiter. Österreich und Tirol erfüllen den Anspruch auf das „ganze Vaterland“ immer noch nicht, hiermit wäre die Dimension erreicht, die Hoffmann von Fallersleben meint. Überrascht hört der Heutige, daß auch die freie Schweiz zu diesem Vaterland gehören soll und daß es mit ihr immer noch nicht groß genug sein soll. Die Auflösung ist beruhigend. Kein Großmacht-Gedanke trieb das strophenweise Fragen voran, sondern der deutsche Sprachraum, in dem in derselben Sprache unter dem Walten des Schöpfers gesungen wird, wird umrissen. Das entspricht unserem literarischen Verständnis von „Deutschland“, wenn wir Walther, Stifter, Hofmannsthal ebenso wie Keller, Meyer, Frisch und Dürrenmatt als Personen der deutschen Literaturgeschichte ansehen. Das entspricht auch dem Fühlen, das die Gründer des Germanischen Nationalmuseums in Nürnberg bewegte.
Der großräumige Anspruch wird noch besser verständlich, wenn man das Erscheinungsjahr des Liedes, 1813, betrachtet. Die Tiroler hatten sich 1809 gegen Napoleon erhoben. Die deutschen Romantiker hatten diese Erhebung mit Anteilnahme verfolgt. Sie hatten die Hoffnung genährt, das Feuer werde auf Deutschland übergreifen, und sie hatten Scheitern und Untergang der Tiroler ergriffen bedichtet. 1813 beginnt die herbeigesehnte Erhebung auch in Preußen, und in dieser Situation nimmt sich Ernst Moritz Arndt ein Hoffnungsbild und

ein Beispiel an allen Deutsch sprechenden Stämmen und Völkern, die sich ihre Freiheit bewahrt haben oder ihre Freiheit zu erkämpfen suchen.
Zu einer Hymne für die Deutschen konnte sein Lied gerade deshalb nicht werden, weil es als Ausdruck des Wunsches nach nationaler Einigkeit Länder zitiert, die zum Zeitpunkt der Entstehung des Liedes eigene Hymnen und Verfassungen hatten. Im Text einer Hymne aber können sich Bürger nur zu etwas bekennen, das ihnen eigen ist.
Ein Lied, das Hymne sein soll, muß einen definierten Inhalt haben. In Ernst Moritz Arndts „Des Deutschen Vaterland" stehen jedoch allein 16 Fragen. Der Hörer wird lange in Ungewißheit gehalten. Die Auflösung erfolgt verhältnismäßig unvermittelt erst nach dem Beginn des letzten Textdrittels und stellt einen ideellen Anspruch dar, der mit politischen Verhältnissen später nichts mehr zu tun hat.

28 Jahre später, 1841, gelingt Hoffmann von Fallersleben der „große Wurf". Er erfährt davon jedoch nichts. Der Anfang ist zwar vielversprechend: Noch ehe Dr. August Heinrich Hoffmann seinem Verleger Campe am 29. August 1841 sein „Lied der Deutschen" vollständig vorgelesen hat, legt dieser ihm die verlangten vier Louisd'or auf die Brieftasche und kauft damit das Lied. Die spontane Zustimmung eines einzelnen setzt sich jedoch beim Publikum nicht fort. Resigniert berichtet Campe am 18. Februar 1842: „Das ‚Lied der Deutschen' hat kein Glück gemacht, die Kosten bekomme ich nicht heraus". Es dauert noch 81 Jahre, bis sein Lied zur Hymne erhoben wird.
In der Zwischenzeit, mindestens von 1848 bis 1918, werden überwiegend solche patriotischen Lieder verfaßt und gesungen, die ein gekröntes Staatsoberhaupt als Lenker und Leiter voraussetzen. Deshalb ist Bundespräsident Heuss in Verlegenheit, als die Auseinandersetzung um eine Nationalhymne nach der Gründung der Bundesrepublik Deutschland sich hinzieht. Er entscheidet im August 1950, daß bis zum Vorliegen einer neuen Hymne das Lied „Ich hab mich ergeben" von Hans Ferdinand Maßmann [M 22] bei offiziellen Anlässen gesungen werden solle.
Daß dieses Lied nur ein Ersatz für kurze Zeit sein konnte, ist deutlich:
- Nicht alle Bürger, die diese Nationalhymne singen, sind jung und wollen erst Kraft erwerben [s. 4. Strophe des Gedichtes].
- Mit der Wiederbelebung Germaniens hatte man seine Erfahrungen gemacht.
- Fürs Vaterland und durchs Vaterland waren in Europa viele Millionen Menschen gefallen und umgekommen. Da konnte ein so naiv begeistertes, unreflektiertes Lied mit seinem Hang zur neuerlichen Dreingabe des Lebens nicht Bekenntnis zu einem demokratischen Staat werden.
- Nicht alle Bürger der Bundesrepublik Deutschland sind so religiös orientiert, daß sie jedesmal an einen Gott appellieren wollen.

So blieb noch jener Versuch mit Rudolf Alexander Schröders „Hymne an Deutschland" [M 34]. Die „starke geistige Verhaltenheit", von der der Komponist Carl Orff sprach, entsteht offenbar durch die Abstraktheit der Sprache. Die

Dreigliederung der Strophen ist zwar übersichtlich, aber die Handlungen bleiben unanschaulich. Die Strophen wirken durch den Substantivgebrauch breit. Die Hauptaussagen werden zum Teil nachgestellt, mit einer Konjunktion wie „ob" wird eine künstliche Altertümlichkeit gepflegt. Es hätte generationsweiser Unterrichtung in Schulen und Bildungsstätten bedurft, bis dieser Text Allgemeingut geworden wäre. So fiel die Entscheidung doch wieder für Hoffmann von Fallerslebens Text [M 26] und für die unveränderte Melodie von Joseph Haydn.
Wir gehen davon aus, daß der Dichter in der 1. Strophe die Länder deutscher Sprache auffordern wollte, zusammenzuhalten, damit eine Unterwerfung durch einen europäischen Nachbarn in Zukunft nicht mehr möglich sei. Anders als Ernst Moritz Arndt, der die napoleonische Unterdrückung noch aktuell erlebt, nimmt Hoffmann die Schweiz bereits aus. Die 1. Strophe hat sich aber inzwischen völlig überlebt, weil die gedachten „Erbfeinde" heute in vielerlei friedlicher Verbindung stehen und weil die Verantwortung für den Frieden an viele andere und an größere Nationen übergegangen ist.
Wir wissen, das Lied enthält in seiner 2. Strophe ein Lob der Frauen, wie es schon Walthers Lied enthielt. Es hat damit ein zivilistisches und ein zivilisatorisches Element wie wenige entsprechende Lieder in der deutschen Literaturgeschichte nach Walther und wie nicht alle Hymnen auf der Welt.
Die 3. Strophe des Deutschlandliedes ist das Werk eines Deutschen, der Demokrat war, als man dafür verfolgt und aus Ämtern gejagt wurde. Sie knüpft an die einzige kurze demokratische Tradition an, die in Deutschland vor 1918 zu finden ist.
Und so können wir den Deutschen guten Willen unterstellen, die mit der nötigen Bescheidenheit singen:

„Einigkeit und Recht und Freiheit
Für das deutsche Vaterland!"
...

6. Hinweise zur Behandlung der Nationalhymne im Unterricht

Die Kulturhoheit der Länder bringt es mit sich, daß über die Frage, wie, in welcher Klassenstufe und in welchem Umfang die deutsche Nationalhymne zu behandeln ist, unterschiedliche Auffassungen und Anweisungen bestehen. Nachdem für hessische Schüler über viele Jahre allein die 3. Strophe des Deutschlandliedes Unterrichtsgegenstand war, ist der jetzige hessische Kultusminister *Christean Wagner* darum bemüht, die Schüler seines Landes wieder mit allen drei Strophen vertraut zu machen. In Baden-Württemberg ist das Erlernen der Nationalhymne in der 4. Klasse verbindlicher Lerninhalt. Kultusminister *Gerhard Mayer-Vorfelder* schreibt erläuternd dazu:

> „Da auch Schülern der 4. Grundschulklasse die 3. Strophe der Nationalhymne von offiziellen Anlässen bekannt sein dürfte, z. B. von internationalen Begegnungen im Sport- und Jugendbereich, eignet sie sich zum Einstieg in das Thema besonders gut... Bei der Behandlung der Nationalhymne in der Grundschule soll von der 3. Strophe ausgegangen werden. Es entspricht aber dem Lehrplan, wenn alle Strophen behandelt werden, denn unstrittig ist, daß die Nationalhymne aus drei Strophen besteht."[1]

Anlaß für diese Klarstellung des Kultusministers war 1986 ein erfolgloser Antrag der SPD-Fraktion im hessischen Landtag, den Lehrplan dahingehend zu revidieren: In der Grundschule sollte nur die 3. Strophe gelernt werden. In den weiterführenden Schulen sollten 1. und 2. Strophe im historischen Kontext der Entstehung und des nationalsozialistischen Mißbrauchs behandelt werden. Als Begründung führten die Abgeordneten unter anderem an: „Ein 10jähriger Grundschüler ist nicht in der Lage zu begreifen, was es nach den Erfahrungen der Nazi-Zeit bedeutet, heute ‚Deutschland, Deutschland über alles' zu singen, und was die historischen Hintergründe des von Hoffmann von Fallersleben gebrauchten Deutschland-Begriffes sind... Wenn Kinder in diesem Alter alle drei Strophen zu singen lernen, muß befürchtet werden, daß sie ohne Rücksicht auf die Gefühle der von der Nazi-Diktatur Betroffenen [diese] auch öffentlich singen." Dies kann in provokativer Absicht oder aus schlichter Gedankenlosigkeit der Schüler geschehen.

Im Juli 1989 wurden im Berliner Bezirk Wilmersdorf Eltern hellhörig, als ihre Kinder zu Hause „Deutschland, Deutschland über alles" sangen. Im Musikunterricht einer Grundschule, so stellte sich heraus, hatte die zuständige Lehrerin das Deutschlandlied Strophe für Strophe ins Heft diktiert, historische Erläuterungen gab es nicht. Die Volksbildungsstadträtin des Bezirkes erklärte gegenüber der Presse, das Deutschlandlied gehöre zum Unterrichtsstoff der 4. Klasse. Zu singen sei aber grundsätzlich nur die 3. Strophe. Dies steht in Übereinstimmung mit einer Dienstanweisung der Senatsschulverwaltung. Im Rundschreiben II Nr. 59/1984, noch zur Amtszeit der ehemaligen Senatorin *Dr. Hanna-Renate Laurien* verfaßt, heißt es:

> „Text und Melodie der Nationalhymne, die nach dem Vorläufigen Rahmenplan für Musik in der 4. Klasse der Grundschule zu besprechen und zu lernen sind, sind in den folgenden Jahren der Grund- und Oberstufe zu besonderen Anlässen zu festigen."

Mit „Text" – davon kann man ausgehen – ist die 3. Strophe gemeint, nicht aber alle drei Strophen des Deutschlandliedes. In der Antwort zu einer Kleinen Anfrage im Berliner Abgeordnetenhaus formulierte die amtierende Senatorin *Sybille Volkholz* schon Wochen vor dem Vorfall in Wilmersdorf unmißverständlich:

> „In dem Vorläufigen Rahmenplan für Unterricht und Erziehung in der Berliner Schule, Grundschule – Musik, ist das Singen der Nationalhymne als Lernziel der 3./4. Klasse festgelegt. In der Klasse 4 der Berliner Grundschule sind der Text der 3. Strophe und die Melodie des Deutschlandliedes zu lernen."[2]

So unterschiedlich wie die Anweisungen der Kultusminister, so vielschichtig sind die Beurteilungen dieser Fragen auch von anderer Seite. Zwei Beispiele: *Walter Jens* schreibt mit direktem Bezug auf die Diskussion in Baden-Württemberg:

> „Kein Grund also, alles in allem, den Vorstellungen des baden-württembergischen Kultusministers zu folgen und das Deutschlandlied in den Schulen auswendig lernen zu lassen, da gibt es wirklich Wichtigeres zu behalten; wohl aber ein Anlaß, die Intentionen des Liedes historisch zu analysieren, die Stadien seiner Indienstnahme zu verfolgen und sich am Ende die Frage vorzulegen, ob ‚das Lied der Deutschen' (Helgoland, 26. August 1841) anno 1986 nicht so obsolet ist wie, beispielsweise, der Große Zapfenstreich."[3] [vgl. auch M 54]

Vorsichtiger und mit anderer Konsequenz urteilt der Sprachwissenschaftler Helmut Berschin, wenn er schreibt:

> „Die erste und zweite Strophe des Deutschlandliedes gehören also heute zur Hymne der Bundesrepublik, aber nicht zu deren offiziellen Teil. Sollen sie deshalb verschwiegen und nicht weiter überliefert werden, konkret: in der Schule nicht mehr gelehrt werden? Die offizielle Beschränkung auf die dritte Strophe ist einleuchtend: die erste ist heute – nimmt man sie wörtlich – politisch anstößig, die zweite politisch belanglos. Als geschichtliches Zeugnis bildet aber das Deutschlandlied ein Ganzes – auch von der Musik her –, das man nicht nach aktuellen Bedürfnissen zerschneiden sollte. Sprachlich richtig gedeutet zeigt das Deutschlandlied in knappster und einprägsamster Form, was Deutschland war und sein sollte, was es geworden ist durch nationalistische Übersteigerung, und wie heute die deutsche Frage zu stellen ist."[4] [vgl. auch M 52]

Die Kontroverse zeigt, weshalb es keine übereinstimmenden Anordnungen für die Behandlung des Deutschlandliedes im Unterricht geben kann. Eines jedoch sollte Prämisse und zugleich oberstes Lernziel sein: Sowohl im musischen als auch im politisch-historischen Unterricht müssen in den geeigneten Altersstufen die Voraussetzungen dafür geschaffen werden, daß Schüler zu einem bewußten und verantwortungsvollen Umgang mit der Nationalhymne befähigt werden. Dazu gehört auch die Entscheidung, bei entsprechenden Anlässen die 3. Strophe selbst zu singen oder darauf zu verzichten. Gerade diese in letzter Konsequenz individuelle und private Entscheidung sollte den Schülern deutlich werden.

„Denn es gehört zum Wesen staatlicher Akte, daß sie von Staatsorganen und nicht von Einzelnen als Mitglied des Gemeinwesens vorgenommen werden. Andererseits ist aber auch kein Privater durch die Festlegung der Nationalhymne zu einem bestimmten Verhalten bzw. Unterlassen verpflichtet worden. Kein Privater ist gezwungen, zu welchem Anlaß auch immer, das Deutschlandlied zu singen."[5] Es widerspräche nicht nur rechtlichen, sondern auch pädagogischen Grundsätzen, eine Verpflichtung aller Schüler anzunehmen, zu einem bestimmten Anlaß in der Schule die Hymne mitsingen zu müssen. Dem Lehrer darf es allein darum gehen, die Schüler mit Melodie und Text und mit den politisch-historischen Zusammenhängen vertraut zu machen und ihnen zugleich die Möglichkeit der freien und ganz pesönlichen Entscheidung bewußt zu machen, die 3. Strophe in angemessener Form bei bestimmten Anlässen zu singen oder nicht zu singen. Dabei sollten die Schüler auch ermuntert werden, das Gespräch mit den Eltern zu suchen.

Problematisch ist die Situation, wenn Schüler, möglicherweise in provozierender Absicht, die 1. Strophe singen. Theodor Heuss hat auf Vorschlag Konrad Adenauers, so die bisher herrschende juristische Meinung, alle drei Strophen als Nationalhymne bestätigt, wenn auch im Schreiben Adenauers vom 29. April 1952 zugleich festgelegt wurde, daß bei staatlichen Anlässen nur die 3. Strophe gesungen werden soll [M 6–8]. Schüler würden demnach nur gegen eine Anordnung des Lehrers verstoßen, nicht aber gegen eine Rechtsnorm. Die Situation wäre sicher politisch unverfänglicher, hätten die Parlamentarier des Deutschen Bundestages 1952 im Grundgesetz, etwa in Ergänzung des Art. 22 (Bundesflagge), allein die 3. Strophe als Nationalhymne der Bundesrepublik Deutschland festgelegt. Durch das Urteil des Bundesverfassungsgerichts zur Frage der Verunglimpfung von Staatssymbolen wurde jetzt (1990) entschieden, daß nur die 3. Strophe des Deutschlandliedes unter strafrechtlichem Schutz steht.

Es ist ein Ergebnis deutscher Geschichte, daß es in der Bundesrepublik Deutschland – im Unterschied zu vielen anderen Staaten – kein ungebrochenes Verhältnis zur eigenen Nationalhymne gibt.

Diese Tatsache wurde durch eine Umfrage bestätigt, die 1988 durchgeführt wurde. Das Institut für praxisorientierte Sozialforschung stellte insgesamt 2078 Personen u. a. folgende zwei Fragen:[6]

(1) *„Wenn bei besonderen Anlässen die deutsche Nationalhymne gespielt wird: Finden Sie das gut, ist Ihnen das egal, oder stört Sie das? Falls ‚finde ich gut': Empfinden Sie dabei auch Stolz oder nicht?"*

Ergebnis: 59,1 % finden dies gut,
46,5 % empfinden dabei Stolz,
12,5 % empfinden keinen Stolz,
38,8 % ist es egal,
5,0 % stört das Spielen der Nationalhymne.

Interessant an dieser Umfrage ist auch, daß die Antworten je nach Parteipräferenz, Alter und Schulbildung erhebliche Unterschiede aufweisen. So fanden z. B. 73,0 % der CDU-Sympathisanten das Abspielen der Nationalhymne gut; bei der SPD waren es 58,5 %, bei der FDP 52,8 %, bei den Grünen 18,5 %. Ebenso unterschiedlich waren die Antworten bei den verschiedenen Jahrgängen: bei den bis 24jährigen 37,0 %, bei den 40–49jährigen 61,3 %, bei den 60jährigen und älteren 72 %. Nach Schulabschlüssen ergaben sich folgende Anteile: mit Hauptschulabschluß 66,8 %, mit Realschulabschluß 55,4 %, mit Abitur 43,1 %.

(2) *„Seit einiger Zeit wird zum Abschluß des Fernsehprogramms die Bundesflagge gezeigt und die Nationalhymne gespielt. Finden Sie das gut, ist Ihnen das egal, oder finden Sie das nicht gut?"*

Ergebnis: 41,7 % finden dies gut,
47,9 % ist es egal,
9,8 % finden das nicht gut.

So verständlich der Wunsch ist, daß Schüler ein positives Verhältnis zu ihrer Nationalhymne entwickeln mögen, so verständlich ist es auch, daß die Belastungen der Hymne durch ihren nationalsozialistischen Mißbrauch nicht mehr aufzuheben sind. Auch heute wird wieder, vor allem von rechten Gruppierungen, die Verwendung der 1. Strophe des Deutschlandliedes gefordert. Damit setzt sich eine Interpretation des Liedtextes fort, die während der NS-Zeit als einzige zugelassen war.
Es kann nicht Aufgabe der Schule sein, Probleme mit unserer Nationalhymne zu übergehen, um so allmählich eine neue positive und zugleich unkritische Einstellung bei den Schülern entwickeln zu helfen. Bei diesem Thema zeigt sich vielmehr besonders deutlich, daß Schule ein Teil unserer Gesellschaft ist. Hierzu gehört auch, daß Fragen, die zwischen Politikern, Pädagogen und Eltern kontrovers diskutiert und für einzelne Bundesländer unterschiedlich entschieden werden, auch mit Schülern altersangemessen problematisiert und diskutiert werden müssen.

Anregungen zur Diskussion:

▷ Sollen Schüler alle drei Strophen auswendig lernen oder nur die dritte?

▷ Welche Folgen könnte ein Erlernen aller drei Strophen haben?

▷ Sollen Schüler im Musikunterricht alle drei Strophen singen oder nur die dritte?

▷ Bei offiziellen Anlässen darf nur die 3. Strophe gesungen werden. Bei welcher Gelegenheit ist das Spielen oder Singen der Hymne in der Schule erforderlich oder wünschenswert? Oder sollte man in der Schule ganz auf das Singen der Hymne verzichten?

▷ Welches Verhalten ist beim Abspielen der Nationalhymne angemessen? Wie erreicht man dieses Verhalten?

Im Zusammenhang mit diesen Fragen müssen im Unterricht alle Probleme der Schüler offen behandelt werden, damit nicht Unwissenheit, vermeintliche Tabus oder intolerantes Verhalten einzelner zu sozialen Spannungen und Aggressionen führen.
Die Erörterung der Nationalhymne im Unterricht ist nicht auf ein bestimmtes Schuljahr oder Unterrichtsfach begrenzt. In Geschichte, Deutsch/Literatur und Musik, vor allem aber im politisch-sozialkundlichen Unterricht kann die Hymne ganz allgemein oder in spezifischen Arbeitszusammenhängen immer wieder zum Unterrichtsgegenstand gemacht werden.
Im Musikunterricht, zumal in der Grundschule, sollte es vorrangig um eine musikalische Aneignung auf der Textgrundlage der 3. Strophe gehen, die als Nationalhymne der Bundesrepublik Deutschland von den Schülern dann sicher auch gesungen werden kann. Das Deutschlandlied mit allen drei Strophen schon in der 3. oder 4. Klasse der Grundschule einführen zu wollen, setzte nicht nur einen weiten Zeitrahmen voraus, sondern stellte zudem fachlich und didaktisch an den Lehrer extrem hohe Anforderungen. Die einseitige nationalistische Verbiegung des Textsinns im Kaiserreich, der nationalsozialistische Mißbrauch, die berechtigten Empfindsamkeiten anderer Völker, die Diskussion um die Wiedereinführung, die diffizile Unterscheidung im Brief Adenauers vom 29. April 1952 [M 6] zwischen dem, was die Hymne sein soll, und dem, was bei staatlichen Anlässen gesungen werden soll, all dies ist für Schüler dieses Alters nur schwer, vielleicht auch gar nicht in seiner historischen und politischen Tragweite zu erfassen. Eine inhaltliche Überforderung jedoch würde die Schüler bei der Verwendung der Hymne eher verwirren und verunsichern. Zurück bliebe ein Lied, das sie in der Schule kennengelernt haben, von dem sie aber zwei Strophen nicht singen dürfen – und vielleicht gerade aus diesem Grunde singen wollen.
Im Zweifelsfall ist es daher klarer, eine eindeutige didaktische (und auch politisch sinnvolle) Reduktion vorzunehmen, allein Melodie und Text der dritten Strophe als Hymne einzuführen und das „Lied der Deutschen" mit allen drei Strophen dem historisch-politischen Unterricht der folgenden Schuljahre zu überlassen.

Allgemeine Lernziele in der Grundschule können unter anderem sein:
Die Schülerinnen/Schüler

- kennen Text und Melodie der Nationalhymne der Bundesrepublik Deutschland,
- können die 3. Strophe auswendig,
- können Funktionen von Nationalhymnen nennen,
- wissen, wie im In- und Ausland mit Nationalhymnen umgegangen wird,
- wissen, daß es unterschiedliche Haltungen gegenüber Nationalhymnen gibt,
- beginnen, einen eigenen Standpunkt zu begründen.

Im historisch-politischen Unterricht kann das „Lied der Deutschen" zum roten Faden und zugleich zur erkenntnisfördernden Folie bei einer problemorientierten Erarbeitung zentraler Fragen der sehr heftigen und widerspruchsvollen jüngeren deutschen Geschichte vom nationalen Einigungsgedanken im frühen 19. Jahrhundert bis zur Diskussion um die Deutsche Frage im gesamteuropäischen Kontext werden.
Welche Aspekte des Themas jeweils im Unterricht erörtert werden sollen, ist unter anderem vom Alter der Schüler abhängig, muß aber vor allem von Lehrern und Schülern auf dem Hintergrund übergreifender thematischer Zusammenhänge und eigener Interessen entschieden werden.

Aufgaben und Diskussionsvorschläge vor allem für den Sekundarbereich I:

▷ Welche Gründe werden genannt, daß das „Lied der Deutschen" heute noch als Nationalhymne geeignet ist?
▷ Welche Gründe werden genannt, daß dieses Lied, vor allem die 1. Strophe, heute als Nationalhymne nicht geeignet ist?
▷ Welche Deutungen von „Deutschland, Deutschland über alles" werden genannt?
▷ Weshalb wurde das Deutschlandlied 1952 Bundeshymne?
▷ Aus welchen Gründen hatte Theodor Heuss so lange gezögert?
▷ Weshalb wünschte Konrad Adenauer die Wiedereinführung des Liedes?
▷ Weshalb wünschte Theodor Heuss, daß eine neue Nationalhymne bestimmt werden sollte?
▷ Wer tritt heute dafür ein, daß alle drei Strophen gesungen werden sollen?
▷ Weshalb hatten sich Heuss und Adenauer darauf geeinigt, daß bei staatlichen Anlässen nur die 3. Strophe gesungen werden soll?
▷ Was spricht dagegen, die 1. Strophe zu singen?
▷ Welche Gruppen singen heute die 1. Strophe? Welche Motive haben sie?
▷ „Einigkeit und Recht und Freiheit", welche Bedeutung kann die Reihenfolge dieser Begriffe haben?
▷ Wie soll man sich beim Abspielen und Absingen von Nationalhymnen im Inland und im Ausland verhalten?
▷ Welche der lyrischen Texte in den Materialien [siehe 9.3 Gedichte/Lieder] wären als deutsche Nationalhymne geeignet? Aus welchen Gründen?

- ▷ Welche Gefühle stellen sich beim Hören oder Mitsingen der eigenen Nationalhymne und anderer Nationalhymnen ein?
- ▷ Welche Bedeutung haben Nationalhymnen bei Staatsempfängen?
- ▷ Welche Bedeutung haben Nationalhymnen bei Siegerehrungen?
- ▷ Tragen nationale Symbole die Gefahr ihres Mißbrauchs schon in sich?
- ▷ Worin bestünde heute ein Mißbrauch von Nationalhymnen?
- ▷ Welches wäre ihr richtiger Gebrauch?
- ▷ Führt der zelebrierte, der zur Schau gestellte Stolz, nicht auf sich selbst, sondern auf seine Nation, zum intoleranten und damit gefährlichen Nationalstolz?
- ▷ Weshalb scheinen andere Völker mit ihren Nationalhymnen keine Probleme zu haben?

Vertiefende Fragen für Diskussionen in der **Oberstufe** bzw. in veränderter Formulierung für obere Klassen der Mittelstufe:

- ▷ Könnte es nicht außerhalb unseres Landes auch heute noch als typisch deutscher Zug gelten, wenn wir uns trotz vielfacher Mißverständnisse, trotz aktiver Mißdeutung und Mißhandlung des Textsinnes, auf – so könnte es scheinen – eine radikale Hermeneutik zurückziehen und der Welt nachweisen wollten, es sei eben doch alles ganz anders gemeint gewesen?
- ▷ Ist dies eine Unfähigkeit, in größeren Zusammenhängen zu denken und zu empfinden?
- ▷ Zeigt sich hierin ein Unvermögen, Empfindungen und berechtigte Empfindsamkeiten anderer Völker wahrzunehmen und zu akzeptieren?
- ▷ Ist auch dies ein Stück „Unfähigkeit zu trauern"?
- ▷ Welche Beziehungen zwischen historischer Tradition und politischer Moral ließen sich am Beispiel von Nationalhymnen beschreiben?

*

- ▷ Welche Nationalhymne wäre für alle Deutschen, die jetzt in den beiden deutschen Staaten leben, als gemeinsame Hymne geeignet: die der Bundesrepublik Deutschland, die der DDR oder eine andere?

7. Entstehung und Verwendung der Nationalhymne der DDR

Nach dem Zweiten Weltkrieg geht die territoriale Einheit Deutschlands verloren. In beiden neuentstandenen deutschen Teilstaaten [s. Karte 3] wird zunächst trotz unterschiedlicher politischer Voraussetzungen die Wiedervereinigung propagiert, wenn auch jeweils unter den entsprechenden Vorzeichen. Grundlage dafür ist die Überzeugung von der Existenz einer einheitlichen Nation. So heißt es im Artikel 1 der ersten DDR-Verfassung aus dem Jahre 1949: „... Deutschland ist eine unteilbare demokratische Republik... Es gibt nur eine deutsche Staatsangehörigkeit."[1] 1951 macht es das ZK der SED den „Kunstschaffenden" der DDR ausdrücklich zur Aufgabe, mit ihren Werken „für die Wiedervereinigung Deutschlands auf demokratischer Grundlage und für den Abschluß eines Friedensvertrages mit Deutschland"[2] einzutreten.
Zwei bereits zuvor entstandene literarische Werke werden dieser Aufgabenstellung in besonderem Maße gerecht: Johannes R. Bechers Gedicht „Auferstanden aus Ruinen" (1949) [M 33] und Bertolt Brechts „Kinderhymne" (1950) [M 35].
Gleichsam selbstverständlich verwendet Becher den umfassenden Begriff „Deutschland", redet wie ein Dichter von 1848 vom „einig Vaterland" und vom „Streben unsres Volkes". Der neue Staat DDR wird nicht erwähnt. Bechers Dichtung ist getragen von hoffnungsvollem Optimismus: Zu einem Zeitpunkt, da es die Bevölkerung noch mit handfesten Alltagsproblemen zu tun hat, sieht er, wie es die im Perfekt formulierte Metapher der ersten Zeile zeigt, die Schwierigkeiten der Gegenwart bereits als überwunden an und wendet sich weiterführenden Perspektiven zu: „Auferstanden aus Ruinen/und der Zukunft zugewandt..." Diese Grundhaltung Bechers resultiert aus der Freude über die Beendigung des Krieges – für ihn durch die Exilerfahrung in der UdSSR geprägt – und aus dem Vertrauen in jenen nationalen Neubeginn, den er seit langem idealisierend herbeisehnt und den er nun in dem von der Sowjetunion besetzten Teil Deutschlands auf kulturellem Gebiet wesentlich mitgestaltet (1945 Präsident des „Kulturbundes", 1954 erster Kulturminister). Gemeint aber ist die Zukunft des ganzen Deutschlands.

Nicht anders bei Brecht. Die „Kinderhymne" ist eine Art Gegenentwurf zum „Deutschlandlied". Mit dem vierhebigen Trochäus und wechselnder männlicher und weiblicher Kadenz gibt es auch formale Übereinstimmungen – Brechts „Hymne" ließe sich auf die Haydnsche Melodie des „Deutschlandliedes" singen. Brecht relativiert den nationalen Absolutheitsanspruch Hoffmanns: Es gibt bei ihm nicht die Liebe zum Vaterland an sich, aber es gibt sehr

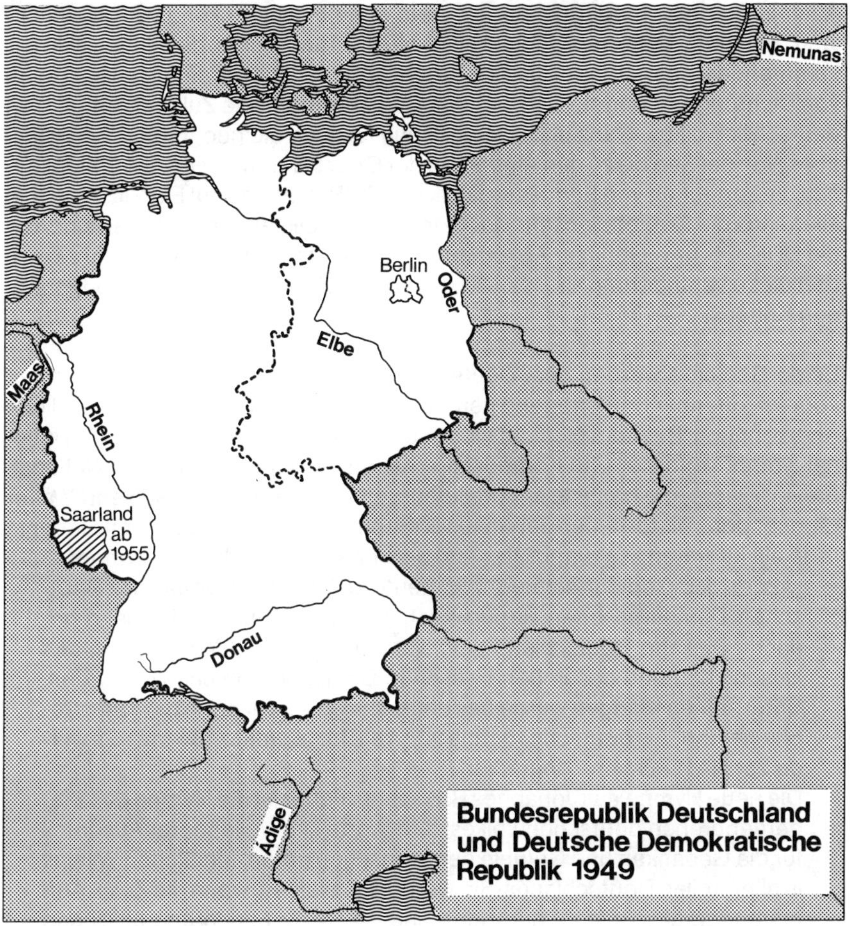

Karte 3

wohl die Liebe zu einem Land, das jeder einzelne gleichsam „mit Kopf, Herz und Hand" mitgestaltet und dadurch zu seinem Eigen macht. Daß andere Völker sich ebenso ihre Vaterländer schaffen, mindert nicht die Liebe zum eigenen, macht im Gegenteil gerade wechselseitig Anerkennung und Verständnis möglich, was nach der Zeit des Nationalsozialismus (Strophe 2) besonders wichtig ist. Am deutlichsten auf der Folie des „Deutschlandliedes" formuliert ist Brechts dritte Strophe. An die Stelle des „Deutschland über alles" tritt das „nicht über und nicht unter", und die geographischen Grenzen des von Brecht gemeinten Deutschland sind auf der Basis der politischen Gegenwartssituation neu bestimmt.

Auch in Brechts „Kinderhymne“ ist stets ohne Einschränkung von „Deutschland“ die Rede. Lyrisches Subjekt sind, wie der Titel besagt, die Kinder, also die kommende Generation, an die sich Brecht in dieser Zeit mit einer ganzen Reihe von Dichtungen wendet. Das „wir“ des Gedichts meint die Zukunft des ganzen deutschen Volkes. Ganz und gar eindeutig ist auch die geographische Definition: „Von der See bis zu den Alpen/Von der Oder bis zum Rhein“. Sie umfaßt genau die Territorien von Bundesrepublik und DDR, zielt also auf Einheit ab, wobei allerdings die Gebiete jenseits der Oder-Neiße-Linie ausgeschlossen sind, die die DDR 1950 im „Görlitzer Abkommen“ als polnisch anerkennt. Brecht akzeptiert diese Veränderung als Resultat des von Deutschland schuldhaft begonnenen Krieges.

Beide Gedichte werden dem Deutschlandkonzept, das die SED zu jener Zeit verfolgt, offenbar hervorragend gerecht. Entsprechend groß ist die öffentliche Anerkennung. Bechers Gedicht wird in der Vertonung Hanns Eislers zur Nationalhymne. Verfasser und Komponist erhalten 1950 gemeinsam den Nationalpreis 1. Klasse, die höchste kulturelle Auszeichnung der DDR. 1958 ehrt Walter Ulbricht den verstorbenen Johannes R. Becher in einer pathetischen Gedenkrede als Literaten, Kulturminister und als Verfasser der Nationalhymne:

> „Als er das Gedicht schrieb, das heute die Nationalhymne der Deutschen Demokratischen Republik ist, hat er an ganz Deutschland gedacht. Das alte Deutschland-Lied war längst zum Schlachtgesang des kaiserlichen und des imperialistischen Deutschen Reiches geworden. Unter seinen Klängen wurde das deutsche Volk zweimal in die Katastrophe geführt. Als deutsche Hymne ist es ein für allemal entwertet. Es wurde zur NATO-Hymne degradiert.
> Die neue Hymne aus Johannes R. Bechers Feder ist die Hymne des wiedergeborenen deutschen Volkes. Ihre Worte sind vollendeter Ausdruck für die Gedanken und Gefühle der Deutschen guten, friedlichen Willens in allen Teilen Deutschlands. Sie werden es bleiben, wenn die Zeile ‚Auferstanden aus Ruinen‘ nur mehr eine entfernte Erinnerung anklingen läßt, für die kein Trümmerfeld oder Mauerrest mehr sichtbares Zeugnis bilden. Unter ihren Klängen hat die Bevölkerung der Deutschen Demokratischen Republik, haben die Friedenskämpfer im Westen unseres Vaterlandes den Weg zu Frieden und Glück beschritten.“[3]

Eine besonders wichtige Rolle spielen Bechers und Brechts „Deutschlandlieder“ im Bildungsbereich. Sie finden sich in Liederbüchern für die Schule, für die „Jungen Pioniere“ und die „Freie Deutsche Jugend“, vor allem aber in Lehrplänen und Lesebüchern für den Literaturunterricht. Bechers „Nationalhymne“ wird abgedruckt in den Lesebüchern der Klasse 2, 3, 4, 6 und 8 und nimmt dort – ebenso wie Brechts „Kinderhymne“ im Lesebuch für die Klasse 5 – in den meisten Fällen programmatisch die erste Seite ein.[4] Es ist ein glückliches Zusammentreffen: Nationale Programmatik repräsentiert sich in den Werken jener

beiden Autoren, die als führende Vertreter einer neuen deutschen Nationalliteratur betrachtet werden.
Die beiden deutschen Teilstaaten entwickeln sich nach ihrer Gründung immer stärker auseinander und werden in die Blöcke von Ost und West eingebunden. Unter diesen Voraussetzungen rückt das Ziel der Wiedervereinigung in weitere Ferne. Dennoch hält man auf beiden Seiten daran fest. Auch in der DDR spricht man weiterhin von *einem* deutschen Volk und *einer* deutschen Nation, allerdings von zwei deutschen Staaten, deren Zusammenschluß nur unter sozialistischen Vorzeichen möglich sei. Die Formel „zwei Staaten – eine Nation" geht sowohl ins erste Programm der SED (1963) wie in die zweite Verfassung der DDR (1968) ein.[5]
Mit dieser sich wandelnden Deutschlandkonzeption stimmen die Gedichte Bechers und Brechts im Grunde nicht mehr überein. Sie heben nicht nur auf nationale, sondern auch auf staatliche Einheit ab. Dennoch behalten sie ihren herausragenden Platz in der Schulliteratur. Es beginnt sich freilich die Behandlung der Texte zu verändern. Die repräsentative Funktion beider Gedichte läßt es offenbar nicht zu, daß man sie historisch innerhalb ihres Entstehungskontextes interpretiert. Statt dessen werden sie durch Umdeutung den neuen politischen Akzentsetzungen angepaßt. In einem Beitrag im „Deutschunterricht", der deutschdidaktischen Zeitschrift der DDR, der sich 1968 mit Brechts „Kinderhymne" befaßt, erwähnt die Autorin z. B., daß Brecht eigentlich an das ganze Deutschland gedacht habe – wo sie jedoch ins einzelne geht, werden Brechts Worte ausschließlich auf die DDR bezogen. So wird dann das „Beschirmen" des geliebten Landes in der letzten Strophe gleichgesetzt mit der Existenz der „Nationalen Volksarmee".[6] Auf diese Weise kann zukunftsgerichtete nationale Programmatik zu „gesellschaftlicher Repräsentanz" werden.[7]
Um 1970 kommt es zu einem grundlegenden Wandel in der Deutschlandpolitik der DDR. Die Auffassung von einer einheitlichen deutschen Nation wird aufgegeben. Vom „sozialistischen Staat deutscher Nation", wie es in der Verfassung von 1968 heißt, wird die DDR im Sprachgebrauch zum „sozialistischen deutschen Nationalstaat". Ausführlich wird die These von der eigenständigen „sozialistischen deutschen Nation" im zweiten Programm der SED aus dem Jahre 1976 entwickelt: „Geführt von der Arbeiterklasse, hat das Volk der Deutschen Demokratischen Republik in Übereinstimmung mit dem geschichtlichen Übergang zum Sozialismus sein Recht auf sozialökonomische, staatliche und nationale Selbstbestimmung verwirklicht. In der Deutschen Demokratischen Republik entwickelt sich die sozialistische deutsche Nation... Sie umfaßt das Volk der Deutschen Demokratischen Republik und ist gekennzeichnet durch den souveränen sozialistischen Staat auf deren Territorium."[8] Bereits die revidierte Verfassung von 1974 enthält keinen Hinweis mehr auf die Einheit der deutschen Nation.
Diese Veränderung der politischen Konstellation hat einschneidende Folgen für die Rezeption der „Nationalhymne". Seit Anfang der siebziger Jahre wird bei offiziellen Anlässen nur noch die Musik Eislers gespielt, nicht aber mehr der Text

Bechers gesungen. Auch im Literaturunterricht ist es offenbar nicht mehr möglich, Bechers und Brechts „Hymnen" mit der offiziellen Linie der Deutschlandpolitik in Einklang zu bringen. Beide Texte sind in den seit Anfang der siebziger Jahre erscheinenden Neuauflagen der Lesebücher nicht mehr enthalten. Sie werden ersetzt durch andere „hymnische" Texte, die zwar zumindest teilweise eindeutig minderer literarischer Qualität sind, aber der neuen, auf die DDR ausgerichteten nationalen Programmatik entsprechen (vgl. Walter Krumbachs „Wir grüßen unsre Republik" [M 36]).

Rituale sind offenbar wichtiger als Inhalte und historisches Verständnis. In den Unterrichtshilfen für die 1. Klasse, Fach Musik, heißt es:

> „In Verbindung mit den Feierlichkeiten zum Nationalfeiertag der DDR, z. B. mit der Auszeichnung hervorragender Werktätiger oder Arbeitskollektive, lernen die Schüler die Nationalhymne der DDR kennen. Sie erfahren, daß unsere Hymne ein besonders feierliches Musikstück ist, das nur zu ganz besonderen feierlichen Anlässen unseres Staates gespielt wird. Beim Erklingen der Hymne stehen wir auf, nehmen die Kopfbedekkung ab und verhalten uns ruhig! Diese Verhaltensweisen müssen im Zusammenhang mit dem Hören der Hymne geübt werden. In vielen Fällen ist mit dem Spielen der Hymne das Hissen der Staatsflagge der DDR verbunden. Darauf sind die Schüler hinzuweisen!"[9]

Auch bei der Vertiefung im 4. Schuljahr scheint es so, als hätte ein Text zur Hymne nie existiert:

> „Die Schüler sollen die Hymne hörend wiedererkennen und ihren genauen Titel und den Namen des Komponisten nennen (Nationalhymne der DDR, Hanns Eisler). Da die Schüler die Hymne schon öfter gehört haben, können sie die ersten acht Takte zusammen mit dem Lehrer summen. Dadurch erfolgt eine intensive Aneignung."[10]

Erst im Januar 1990 – im Zusammenhang mit der Wende in der DDR – verfügt die Regierung der DDR, daß Fernsehen und Rundfunk die Hymne wieder mit dem gesungenen Text senden dürfen. Der Regierungssprecher weist darauf hin, daß die Entscheidung trotz der Gefahr getroffen worden sei, daß „rechtsextreme und nationalistische Kräfte dies als Wasser auf ihre Wiedervereinigungsmühlen betrachten könnten". Doch bedeute eine Hymne, die ihren Text „verlor", gleichfalls einen Verlust an Identifikation mit dem eigenen Staat, an Heimat- und Zusammengehörigkeitsgefühl, der letztlich auch Bürgersein und Bürgertum erschwere. Hinzu komme, daß souveräner Umgang mit der eigenen Geschichte auch das Bekenntnis einschließe zu der Zeit, den historischen Umständen und zu den Gedanken, die Johannes R. Becher diese Worte habe wählen lassen.[11]

Die „Hymnen" Bechers und Brechts mit ihrer Entstehung und Rezeption sind ein Lehrstück für den Zusammenhang von Politik und Literatur. Es handelt sich um Werke, mit denen die Autoren in einer bestimmten politischen Situation ausdrücklich Position beziehen. Bei Brecht wird zugleich, indem er das Deutschlandlied als Folie verwendet, auch die einschlägige literarische Tradition und damit die historische Dimension in ihrer literarischen Widerspiegelung einbezogen. In der Entwicklung der Rezeption wurden beide Texte zu Opfern jener repräsentativen Funktion, die sie aufgrund ihrer politischen Programmatik hatten. Mit dem Wandel der Deutschlandkonzeption in der DDR verlor ihre politische Aussage vorübergehend an Aktualität, waren sie als politische Dichtung nicht mehr im gewünschten Sinne funktional. Da es gerade auf den öffentlichen Gebrauchswert der Texte ankommt, war es mit einer historisch adäquaten Rezeption, die den Entstehungskontext einbezieht, nicht getan: Es blieb für die DDR nur die Möglichkeit, die Texte nach aktuellem Bedürfnis umzudeuten oder eben aus dem Verkehr zu ziehen.

8. Zur Melodie der Nationalhymne der DDR

Unmittelbar nach Gründung der DDR beauftragte der damalige Präsident Wilhelm Pieck im Herbst 1949 den Schriftsteller und späteren Kulturminister Johannes R. Becher, einen Hymnentext zu schreiben. Wenige Tage später schon legte Becher den Komponisten Ottmar Gerster und Hanns Eisler Texte zur Vertonung vor, die nur geringfügig voneinander abwichen.
Anfang November desselben Jahres erhielten beide Komponisten Gelegenheit, ihre Hymnenmelodien im „Club der Kulturschaffenden" und einen Tag später in der Wohnung Wilhelm Piecks dem Politbüro der SED vorzutragen. Dabei konnte sich Eisler gegenüber Gerster durchsetzen, dessen Fassung von Ulrich

Enzensberger als „eine choral-inspirierte, im Sinne fröhlicher Bach-Kantaten gesetzte Tonfolge“ beschrieben wird.[1]
Die seither gültige, zwischen 1972 und 1990 aus ideologischen Gründen nicht singbare Hymnenmelodie Eislers soll im folgenden näher betrachtet werden: Ragozat schreibt: „Die Hymne hat zwei verschiedene musikalische Merkmale, der mehr rhythmisch-aggressive Mittelteil wird von gemäßigt schreitendem 2/4-Takt umrahmt. In Melodieoriginalität und der einfachen, harmonischen Ausformung ist von Eislers Schülerschaft bei Schönberg nicht viel zu spüren.“[2]
Diese Aussage ist in der Beschränkung auf Tonhöhenverlauf, rhythmische und harmonische Elemente sicherlich richtig; sie gilt ferner für traditionelle Strukturelemente wie die dreiteilige Liedform ABA und die Gliederung des ersten A-Teils in Vordersatz und Nachsatz sowie die motivische Verknüpfung, besonders deutlich im Wiederaufgreifen der Eingangsphrase einschließlich ihrer Sequenzierung. Das Außergewöhnliche der Eislerschen Erfindungsgabe aber wird deutlich in der ungewohnten Periodenbildung [Notenbeispiel 1]. Durch Überdehnung des Schlußtones wird der Nachsatz und damit die gesamte erste Periode um einen Takt erweitert. Die Kontrastwirkung des Mittelteils beruht nicht nur auf dem Wechsel in die parallele Molltonart und auf den aggressiveren Punktierungen, sondern auch auf seiner Kürze gegenüber den ihn umschließenden A-Teilen; hinzu kommt, daß Eisler die zweite Phrase des Mittelteils von vier auf drei Takte verkürzt und damit das Gleichgewicht der jeweils achttaktigen Halbsätze wiederherstellt. Die Verbreiterung der Notenwerte am Schluß ist wirkungsvoll, kann aber nicht darüber hinwegtäuschen, daß auch am Ende der 8. Takt fehlt. Hier hätte Beethoven sicherlich einen Pausentakt angefügt (vgl. z. B. die 1. Sätze der Klaviersonate op. 10/1 und op. 13).

Notenbeispiel 1

Notenbeispiel 2

L.v.Beethoven op.84/4 (Orig. A-Dur)

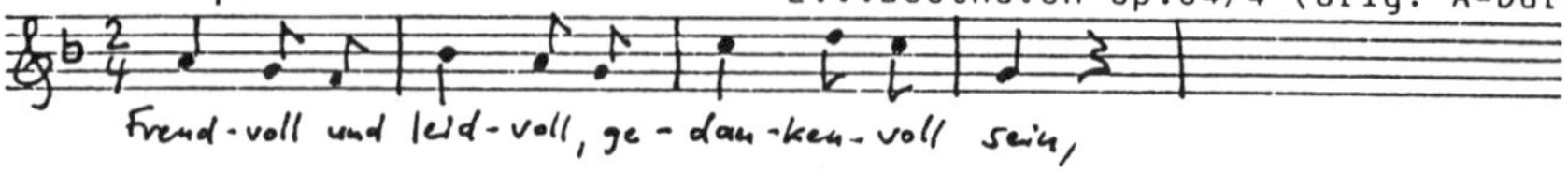

Notenbeispiel 3

P.Kreuder (Orig. Es-Dur)

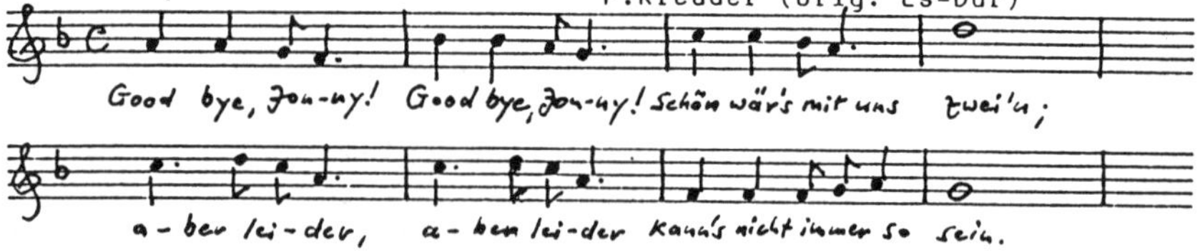

Beethoven ist es auch, der mit seinem Goethe-Lied „Freudvoll und leidvoll“ [Notenbeispiel 2] bei den Anfangstakten Pate gestanden haben könnte. Wesentlich auffallender aber ist die Ähnlichkeit der Eisler-Melodie mit Peter Kreuders Schlager „Goodbye, Jonny!“, den Hans Albers in dem Film „Wasser für Canitoga“ sang [Notenbeispiel 3]. Obwohl Eisler Kreuders Melodie in den ersten neun Tonhöhen, in der Harmonisierung sogar über den gesamten Vordersatz nachzuvollziehen scheint, ist der Vorwurf des Plagiats nach Meinung vieler Sachverständiger nicht stichhaltig, „denn“, so sagt Abraham, „in der *ganzen* Melodie entscheidet sich erst der konstruktive Stellenwert eines solchen Motivs“.[3] So erscheint es folgerichtig, daß Kreuders Bemühungen, für Eislers Melodie die Urheberrechte zu erlangen, kein Erfolg beschieden war. Der rechtlich Unterlegene scheint indessen der moralische Sieger zu sein, denn „anläßlich einer DDR-Tournee 1976 verunsicherte Kreuder das Publikum, als er seinen Evergreen spielen ließ und sich die Zuhörer andächtig verhielten und von den Plätzen erhoben“.[4]

9. Hinweise zur Behandlung der DDR-Hymne im Unterricht

Die Behandlung des Themas – die DDR-Hymne [M 33] im Vergleich mit Hoffmanns „Lied der Deutschen" [M 26] und Brechts „Kinderhymne" [M 35] – ist bereits in der 6. Klasse möglich. Eine detaillierte Interpretation der Gedichttexte würde hier freilich zu weit führen.
Ohnehin geben in Bechers Gedicht einige Unstimmigkeiten Anlaß zu Verständnisproblemen: Einmal benutzt der Autor – sich selbst einschließend – das „wir", an anderer Stelle – sich ausschließend – den Imperativ in der 2. Person Plural (2. Strophe, Zeile 4/8). Und kurz hintereinander verwendet er den Begriff „Volk" erst im Sinne von „Nation", dann im Sinne von „Klasse" (2. Strophe, Zeile 4/6). Noch schwieriger ist es, die Frage der Rezeption angemessen zu behandeln. Deswegen ist es sinnvoll und notwendig, sich zunächst auf zwei wesentliche Aspekte zu beschränken, die in einer höheren Klassenstufe ergänzt werden können.

1. Aspekt:
Welches geographische Verständnis von Deutschland haben die Verfasser der drei Gedichte? Was ist der jeweilige historische Kontext?

Auf gesichertes historisches Vorwissen aus dem Geschichtsunterricht kann man nicht immer zurückgreifen. Anhand entsprechender Karten [s. Karten 1–3] läßt sich aber im Groben die jeweilige politische Situation verdeutlichen: 1841 ist Deutschland ein „Flickenteppich", die Einigkeit ist neu angestrebt. 1949/50 ist Deutschland „dreigeteilt", die Einigkeit ist wieder angestrebt. Dabei gilt es, sehr genau zu untersuchen, welches Territorium in den Texten jeweils gemeint ist. Hoffmann orientiert seine politische Forderung am Begriff der Nation: Überall, wo Deutsche wohnen, soll Deutschland sein (Strophe 1). Becher äußert sich nicht explizit, er geht vom herkömmlichen Deutschlandbegriff seiner Zeit aus. Brecht berücksichtigt die aktuelle politische Lage und reduziert sein „Deutschland" ausdrücklich, wobei er sich mit seiner präzisen Beschreibung auf Hoffmann bezieht und ihn zugleich „korrigiert".

Leitfragen/Aufgaben:
▷ Stelle auf einer Karte fest, wie Deutschland 1841 aussieht.
▷ Stelle auf einer Karte fest, wie Deutschland 1949/50 aussieht. Was hat sich kurz zuvor ereignet?

▷ Stelle auf einer Karte fest, wie Hoffmann, Brecht und Becher die Grenzen von Deutschland ziehen.
▷ Wohnen innerhalb der Grenzen, die Hoffmann angibt, nur Deutsche?
▷ Wo unterscheiden sich die Grenzen bei Brecht am deutlichsten von denen bei Hoffmann? Warum schließt Brecht dieses Gebiet aus?

2. Aspekt:
Was verstehen die drei Autoren unter „Vaterland“ und „Vaterlandsliebe“?

Diese Frage zwingt zum genauen Lesen. Bei Hoffman ist es die Liebe zum Deutschen an sich – seien es die Frauen, seien es Treue, Wein oder Gesang. Einigkeit, Recht und Freiheit werden gefordert, damit dieses Deutsche gleichsam die ihm angemessene und seiner Entfaltung zuträgliche politische Form erhalte. Offenbar sieht es der Autor gar nicht als notwendig an, seine Vaterlandsliebe irgendwie zu begründen.
Bei Becher ist gleichfalls ganz selbstverständlich vom Vaterland als besonderem Wert die Rede. Allerdings geht es nicht um die äußere staatliche Konstituierung dieses Vaterlandes, sondern um sein inneres Gedeihen. Hoffmann wünscht sich – inhaltlich unbestimmt – ein „Blühen“ des Vaterlandes. Becher formuliert konkrete Aufgaben für seine Adressaten, deren Erfüllung Voraussetzung für ein solches „Blühen“ ist: Es geht um den Frieden nach außen – die Völkerverständigung –, den Frieden nach innen – den Sieg über „des Volkes Feind“ – und schließlich das gemeinsame Engagement für den Aufbau. Die Anstrengung aller macht die Zukunft des Vaterlandes aus. Was sich bei Becher andeutet, führt Brecht konsequent aus. Der Begriff „Vaterland“ fehlt bei ihm, er wird gleichsam operationalisiert. „Vaterland“ entsteht überhaupt erst als Produkt gemeinsamer gesellschaftlicher Tätigkeit, und erst als Selbstgeschaffenes erhält es seine besondere Bedeutung und wird liebenswert. Dieses Verständnis von Vaterland und Vaterlandsliebe hat seine Relativierung schon in sich; dennoch weist Brecht noch zweimal ausdrücklich auf sie hin (1. Strophe, Zeile 4; 4. Strophe, Zeile 4). Die Elemente „Frieden“ und „Aufbau“ sind zwar bei Brecht und Becher dieselben, sie erhalten jedoch bei Brecht unter der Kategorie „Produktivität“ einen ganz anderen Stellenwert.

Leitfragen/Aufgaben:
▷ Was soll in den drei Gedichten jeweils für Deutschland erreicht werden?
▷ Was soll man dafür tun?
▷ Warum lieben die, von denen Becher als „wir“ spricht, ihr „Vaterland“?
▷ Was wird über andere Völker gesagt?

3. Aspekt:
Welchem Wandel unterlag die deutschlandpolitische Konzeption der DDR?

Die Frage der sich verändernden Rezeption läßt sich erst auf einer höheren Klassenstufe behandeln (10. Klasse). Hier kann mit einer Synopse der drei DDR-Verfassungen von 1949, 1968 und 1974 gearbeitet werden:[1]

1949	1968	1974
Präambel: „... hat sich das deutsche Volk diese Verfassung gegeben."	Präambel: „Getragen von der Verantwortung, der ganzen deutschen Nation den Weg in eine Zukunft des Friedens und des Sozialismus zu weisen, ... hat sich das Volk der Deutschen Demokratischen Republik ... diese sozialistische Verfassung gegeben."	Präambel: „... hat sich das Volk der Deutschen Demokratischen Republik diese sozialistische Verfassung gegeben."
Artikel 1: „Deutschland ist eine unteilbare demokratische Republik ..."	Artikel 1: „Die Deutsche Demokratische Republik ist ein sozialistischer Staat deutscher Nation."	Artikel 1: „Die Deutsche Demokratische Republik ist ein sozialistischer Staat der Arbeiter und Bauern."

Leitfragen:

▷ Wie verändert sich das Verständnis von „Deutschland", „Deutscher Demokratischer Republik" und „Nation" in diesen drei Verfassungen?

▷ Wie weit stimmt die politische Aussage der Gedichte von Becher und Brecht mit der jeweiligen Deutschlandkonzeption der Verfassungen überein?

▷ Aus welchen Gründen durfte der Text der Becher-Hymne in der DDR vorübergehend nicht gesungen werden?

10. Materialien

10.1 Historische Dokumente/Reden

M 1

Erste offizielle Anerkennung des „Deutschlandliedes" (1922)

Reichspräsident Friedrich Ebert in einer Kundgebung vom 11. August 1922 (Jahrestag der Weimarer Reichsverfassung)

„Vor drei Jahren, am 11. August, hat sich das deutsche Volk seine Verfassung gegeben, das Fundament seiner Zukunft. Diesen Tag wollen wir, trotz aller Not der Gegenwart, mit Freude und Hoffnung begehen... Wir wollen keinen Bürgerkrieg, keine Trennung der Stämme. Wir wollen Recht. Die Verfassung hat uns nach schweren Kämpfen Recht gegeben. Wir wollen Frieden. Recht soll vor Gewalt gehen. Wir wollen Freiheit. Recht soll uns Freiheit bringen. Wir wollen Einigkeit. Recht soll uns einig zusammenhalten. So soll die Verfassung uns Einigkeit, Recht und Freiheit gewährleisten. Einigkeit und Recht und Freiheit! Dieser Dreiklang aus dem Liede des Dichters gab in Zeiten innerer Zersplitterung und Unterdrückung der Sehnsucht aller Deutschen Ausdruck, er soll auch jetzt unseren harten Weg zu einer besseren Zukunft begleiten. Sein Lied, gesungen gegen Zwietracht und Willkür, soll nicht Mißbrauch finden im Parteikampf; es soll nicht der Kampfgesang derer werden, gegen die es gerichtet war; es soll auch nicht dienen als Ausdruck nationalistischer Überhebung. Aber so, wie einst der Dichter, so lieben wir heute ‚Deutschland über alles'. In Erfüllung seiner Sehnsucht soll unter den schwarz-rot-goldenen Fahnen der Sang von Einigkeit und Recht und Freiheit der festliche Ausdruck unserer vaterländischen Gefühle sein..."

M2

Gesetz zum Schutze der nationalen Symbole vom 19. Mai 1933[1]

Die Reichsregierung hat das folgende Gesetz beschlossen, das hiermit verkündet wird:

§ 1

Es ist verboten, die Symbole der deutschen Geschichte, des deutschen Staates und der nationalen Erhebung in Deutschland öffentlich in einer Weise zu verwenden, die geeignet ist, das Empfinden von der Würde dieser Symbole zu verletzten.

§ 2

Die höhere Verwaltungsbehörde des Herstellungsortes entscheidet, ob ein Gegenstand der Vorschrift des § 1 zuwider in den Verkehr gebracht worden ist. In diesem Fall unterliegen Gegenstände dieser Art der entschädigungslosen Einziehung.

§ 3

Die Polizeibehörden können schon vor der Entscheidung der höheren Verwaltungsbehörde die Beschlagnahme des Gegenstandes vornehmen, wenn nach ihrem Ermessen ein Verstoß gegen das Verbot des § 1 vorliegt. Sie haben in solchen Fällen unverzüglich der für die Entscheidung zuständigen Verwaltungsbehörde Mitteilung zu machen.

§ 4

Gegen die Entscheidung der höheren Verwaltungsbehörde können Beteiligte binnen 2 Wochen Beschwerde bei der obersten Landesbehörde einlegen. Die Beschwerde hat keine aufschiebende Wirkung.
Der Reichsminister für Volksaufklärung und Propaganda sowie die der höheren Verwaltungsbehörde übergeordnete Landesregierung können durch einen von ihnen bestellten Vertreter des öffentlichen Interesses innerhalb der im Absatz 1 bestimmten Frist ebenfalls die Entscheidung der obersten Landesbehörde anrufen.
Bis zur Rechtskraft der Entscheidung gilt die von der höheren Verwaltungsbehörde verfügte Einziehung als Beschlagnahme.

§ 5

Für die Wirkungen einer Beschlagnahme wird Entschädigung auch dann nicht gewährt, wenn rechtskräftig entschieden wird, daß ein Verstoß gegen das Verbot des § 1 nicht vorliegt.

§ 6

Die entscheidenden Behörden sollen in Zweifelsfällen einen Sachverständigen hören, der künstlerisches Verständnis mit nationalem Verantwortungsbewußtsein vereinigt.

§ 7

Rechtskräftige Entscheidungen nach §§ 2, 4 haben Wirkung für das ganze Reichsgebiet.

§ 8

Zur Durchführung des § 1 in solchen Fällen, in denen die Zuwiderhandlung im Singen und Spielen bestimmter Lieder oder sonst in anderen Handlungen als dem Inverkehrbringen von Gegenständen besteht, können Polizeiverordnungen erlassen werden.

§ 9

Wer entgegen einer Entscheidung nach § 2 oder § 4 vorsätzlich oder fahrlässig Gegenstände in den Verkehr bringt, wird mit Geldstrafe bis zu einhundertfünfzig Reichsmark oder mit Haft bestraft.
Ebenso wird bestraft, wer den auf Grund des § 8 erlassenen Polizeiverordnungen vorsätzlich oder fahrlässig zuwiderhandelt.

§ 10

Bestehende Bestimmungen über Symbole oder Hoheitszeichen des Deutschen Reichs und der deutschen Länder bleiben unberührt.

§ 11

Die zur Durchführung dieses Gesetzes erforderlichen Rechts- und Verwaltungsvorschriften erläßt der Reichsminister für Volksaufklärung und Propaganda, und zwar, soweit es sich um Vorschriften über Symbole und Hoheitszeichen des Deutschen Reichs handelt, im Einvernehmen mit dem Reichsminister des Innern. Er kann Richtlinien für die Handhabung dieses Gesetzes erlassen. Welche Behörden als oberste Landesbehörde, höhere Verwaltungsbehörde und Polizeibehörde im Sinne dieses Gesetzes anzusehen sind, bestimmen die Landesregierungen.

Berlin, den 19. Mai 1933.

Der Reichskanzler
Adolf Hitler

Der Reichsminister
für Volksaufklärung und Propaganda
Dr. Goebbels

Der Reichsminister des Innern
Frick

M 3

Befehl des Alliierten Kontrollrats für Deutschland (1945)[2]

Liquidierung und Verbot der militärischen Ausbildung (20. 9. 1945)

I. Zwecks Unterbindung und Vorbeugung der militärischen Ausbildung in jeder Form auf dem Territorium von Deutschland wird hiermit befohlen:

...

...

j) Das öffentliche Absingen oder Vorspielen vor einer Gruppe oder innerhalb einer beliebigen Gruppe oder das Sammeln irgendwelcher nationaler oder faschistischer Hymnen oder beliebiger militärischer und faschistischer Lieder oder Musik durch beliebige Organisationen, Gruppen oder Einzelpersonen wird hiermit verboten und für ungesetzlich erklärt.

...

...

III. Jede Person, die gegen einen beliebigen Artikel dieses Gesetzes verstößt, wird durch die Militärgerichte der Besatzungsmächte zur Verantwortung gezogen werden und unterliegt jeder beliebigen Strafe, einschließlich der Todesstrafe, nach dem Ermessen des Gerichts.

IV. Dieses Gesetz tritt ab 1. Oktober 1945 in Kraft.

M 4

Antrag im Deutschen Bundestag (1949)

Drucksache Nr. 67
Antrag
der Abgeordneten Dr. Ott und Genossen
betr.: Bundeshymne

Deutscher Bundestag
1. Wahlperiode
1949

Der Bundestag wolle beschließen:
Die Bundesregierung wird ersucht, dem Bundestag den Entwurf eines Gesetzes über die Anerkennung des ‚Deutschlandliedes' in seiner ursprünglichen unveränderten Form als Bundeshymne für die Bundesrepublik Deutschland vorzulegen.
Der Text von Heinrich Hoffmann von Fallersleben ist nicht überheblich und will nicht ein anderes Volk oder einen anderen Staat als zweitrangig degradieren, sondern entspringt einem natürlichen selbstverständlichen Volksbewußtsein.
Bonn, den 29. September 1949
Dr. Ott, Ahrens, Bahlburg, Dr. Dorls, Eickhoff, Hedler. Frau Kalinke, Matthes, Dr. Richter, von Thadden, Tobaben, Wittenburg.

M 5

Einigkeit und Recht und Freiheit (1951)[3]

Die drei Regierungsparteien, CDU, FDP und DP, haben sich in den letzten Wochen für die dritte Strophe des Deutschland-Liedes als Nationalhymne ausgesprochen. Damit hat eine Initiative ihren vorläufigen Abschluß gefunden, die am 18. April 1950 von Bundeskanzler Dr. Adenauer in Berlin ergriffen wurde. Sie wurde schon damals von weiten Kreisen des deutschen Volkes in allen Schichten mit großer Zustimmung aufgenommen.
Diese Zustimmung hat sich bis heute gehalten. Eine Umfrage des Instituts für Demoskopie hat ergeben, daß rund drei Viertel der erwachsenen Bevölkerung des Bundesgebietes und West-Berlins dafür sind, das Deutschland-Lied wieder zur Nationalhymne zu erheben. Nur 9 % wandten sich ausdrücklich gegen diesen Vorschlag. Die Umfrage ergab weiter eine Mehrheit für die dritte Strophe gegenüber der ersten Strophe. Außerdem zeigte es sich, daß auch diejenigen in ihrer überwiegenden Mehrheit das Deutschland-Lied forderten, die sich bei der Frage nach ihrer politischen Orientierung zu einer nicht zur Bundesregierung gehörenden Partei, wie der SPD oder der Bayernpartei, bekannten.
Über den Wert und die Notwendigkeit einer Nationalhymne braucht nicht viel gesagt zu werden. Allen verantwortlich politisch denkenden Menschen ist bewußt, daß durch den nationalen Niederbruch des Jahres 1945 das Staatsgefühl in Deutschland weitgehend geschwunden ist. Dieser Mangel bedroht jede Politik, die auf den Wiederaufbau unseres staatlichen Lebens gerichtet ist. Er gefährdet darüber hinaus den geschichtlichen Zusammenhalt des deutschen Volkes, den aufrechtzuerhalten eines der dringendsten Anliegen jeder deutschen Politik in dieser Zeit ist.
Ein solches Staatsgefühl bedarf der Symbole. Auch die rein rationalistischen Staatssysteme und Weltanschauungen haben sich diesem Zwang nicht entziehen können oder sind zu keiner Wirksamkeit gelangt. Jedes Volk hat den Wunsch, seine historische Existenz auch durch äußere Zeichen sichtbar werden zu lassen. Gerade die großen Demokratien haben diesem aus dem Unterbewußtsein hervortretenden Willen Rechnung getragen und dadurch mit die Kontinuität ihres staatlichen Lebens bewahren können.
Nun wird niemand die Bedenken gering achten, die von verschiedener Seite gegen das Deutschland-Lied und damit auch gegen die dritte Strophe erhoben werden. Sie stützen sich vor allem darauf, daß das Deutschland-Lied durch unsere von den Machthabern des dritten Reiches fehlgeleitete Geschichte belastet ist, und daß die erste Strophe Anlaß zu einem gesteigerten Nationalismus im Innern und zu Mißverständnissen im Ausland gegeben hat. Doch sollten diese Bedenken gegenüber der Tatsache zurücktreten, daß kein Lied so im Herzen des deutschen Volkes verwurzelt ist, wie das Deutschland-Lied, und daß die dritte Strophe in besonderer Weise seine seelisch-geistige Lage sowie das Wesen einer volksdeutschen Aufgabe gerade für die Gegenwart zum Ausdruck bringt.

Diese Aufgabe stellt sich heute in der gleichen Form, wie sie der erste deutsche Reichspräsident, der Sozialdemokrat Friedrich Ebert, sah, als er aus Anlaß der Verfassungsfeier am 11. August 1922 das Deutschland-Lied zur Nationalhymne bestimmte und u. a. schrieb: „Einigkeit und Recht und Freiheit! Dieser Dreiklang aus dem Liede des Dichters gab in Zeiten innerer Zersplitterung und Unterdrükkung der Sehnsucht aller Deutschen Ausdruck; er soll auch jetzt unseren harten Weg zu einer besseren Zukunft begleiten. Sein Lied, gesungen gegen Zwietracht und Willkür, soll nicht Mißbrauch finden im Parteikampf, es soll auch nicht dienen als Ausdruck nationalistischer Überhebung. In Erfüllung seiner Sehnsucht soll unter schwarz-rot-goldenen Fahnen der Sang von Einigkeit und Recht und Freiheit der festliche Ausdruck unserer vaterländischen Gefühle sein."

M 6

Das Deutschlandlied ist Nationalhymne (1952)

Briefwechsel zwischen Bundespräsident Theodor Heuss und Bundeskanzler Konrad Adenauer[4]

Der Präsident
der Bundesrepublik Deutschland Bonn, 24.1.1952

Sehr geehrter Herr Bundeskanzler!
Wie mir berichtet wurde, hat das Kabinett in seiner Sitzung vom 22. Januar stark darauf gedrängt, den Bundespräsidenten zu veranlassen, jetzt endlich das „Deutschlandlied" als Nationalhymne zu deklarieren; einige der Herren Minister scheinen dabei entdeckt zu haben, daß meine Zurückhaltung gegenüber brieflich oder mündlich vorgetragenen Wünschen, die in der gleichen Richtung gingen, daran „schuld" sei, daß jetzt die Beschränkung auf die dritte Strophe schon schwieriger sei, weil bereits vielfach das ganze Lied gesungen werde...
Ein zweites: In zwei Spätsommergesprächen mit Staatssekretär Dr. Lenz wurde statuiert: man solle, man könne das „Deutschland-Lied" nicht „gegen die Arbeiterschaft" oktroyieren. Ich hatte kurz vorher mit Fette ein Gespräch: Orden ja, Deutschland-Lied nein...
Das Gespräch, das ich mit Dr. Schumacher (wohl Ende August) hatte, war gegen Hoffmann von Fallersleben wie gegen R.A. Schröder gleich negativ. („Schwäbisch-protestantischer Nationalchoral" – er fand die Gesprächspointe so hübsch, daß er sie ein paar Tage später auch vor der Presse wiederholte.) Ich habe seitdem mit niemandem von der SPD oder dem DGB über diese Frage verhandelt. Wie Sie sich erinnern mögen, waren für meinen Versuch, die Deutschen von dem lauten Traditional-Patriotismus zu trennen und sie zu einem tragisch verhaltenen Nationalgefühl zu führen (was *keine* der Parteien, ob rechts, Mitte, links, aus Denkbequemlichkeit verstehen wollte), unliebsame Vorgänge beim Intonieren des „Deutschland-Liedes" bei überparteilichen Veranstaltungen mit maßgebend... *Politisch* ist die Frage, ob es gelingt, die SPD und den DGB zum mindesten zu einer neutralen Haltung in dieser Frage zu gewinnen, ohne daß die ganze Sache als ein Spezialkapitel von „Remilitarisierung" und „Verteidigungsbeitrag" erscheint. (Das „Deutschland-Lied" war, wie man mir sagt, nie Marschlied, hat aber durch den Kriegsbericht über die sinnlose Opferung junger Studentenregimenter bei Langemarck seine soldatische Weihe erhalten.) Ich möchte Ihnen die Überlegung nahebringen, ob Sie, da das Kabinett diese Sache zu seiner gemacht hat, in dieser Richtung eine Klärung erreichen können. Daß die SPD als Masse in dieser Frage nicht einheitlich fühlt, ist mir völlig klar, teils um Eberts willen, teils weil auch bei ihr viele Leute einfach keine neuen Worte und Noten lernen wollen...
Mit bestem Gruß
Ihr
gez. Th. Heuss

Bundesrepublik Deutschland
Der Bundeskanzler

Bonn, 29.4.1952

An den
Bundespräsidenten der
Bundesrepublik Deutschland
Herrn Prof. Dr. Theodor Heuss
Bonn

Sehr geehrter Herr Bundespräsident!
Die Frage einer „Nationalhymne" ist in den vergangenen zwei Jahren wiederholt zwischen uns besprochen worden. Ich achtete, wenn auch mit Zweifel an dem Gelingen, Ihren Versuch, durch einen neuen Text und durch eine neue Melodie über die unliebsamen Zwischenfälle hinwegzukommen, die bei der Wiedergabe oder bei dem Absingen des „Deutschland-Liedes" sich ereignet haben; es sollte vermieden bleiben, hier einen neuen Streit in unser Volk zu tragen. Sie haben mir selber gelegentlich zum Ausdruck gebracht, daß Sie das Bemühen als gescheitert betrachten müssen. Die Gründe mögen jetzt unerörtert bleiben. Als das Kabinett Sie vor Monaten durch mich bitten ließ, sich für die dritte Strophe des „Deutschland-Liedes" zu entscheiden, gab ich zu, daß Ihre damalige Gegenargumentation eine innere Berechtigung besaß.
Inzwischen ist nun die Frage dringend geworden, und ich muß den Wunsch der Bundesregierung darum pflichtgemäß wiederholen. Sie wissen selber um die Lage, in der bei amtlichen Veranstaltungen unsere ausländischen Vertretungen sich befinden. Ich will in diesem Augenblick die innerdeutschen Gefühlsmomente, deren Gewicht von uns beiden gleich hoch gewertet wird, gar nicht in Anschlag bringen. Es ist wesentlich der außenpolitische Realismus, der uns, Ihnen wie mir, nahelegen muß, die Entscheidung nicht weiter hinauszuzögern; ich möchte auch hoffen dürfen und glaube, dazu Grund zu haben, daß die innenpolitischen Vorbehalte, die sich auf den Mißbrauch des „Deutschland-Liedes" durch die Vernichter des alten Deutschland beziehen, an Schärfe verloren haben – war es doch der Reichspräsident Friedrich Ebert, der das „Deutschland-Lied" durch eine staatsmännische Entscheidung zur Nationalhymne erklärte.
Daher die erneute Bitte der Bundesregierung, das Hoffmann-Haydn'sche Lied als Nationalhymne anzuerkennen. Bei staatlichen Veranstaltungen soll die dritte Strophe gesungen werden.
Mit freundlichen Grüßen
Ihr
gez. Adenauer

Der Präsident
der Bundesrepublik Deutschland

Bonn/Berlin, 2. 5. 1952

Sehr geehrter Herr Bundeskanzler!
Sie haben recht: ich wollte vermieden wissen, daß in öffentlichen Veranstaltungen mit einem vaterländischen Akzent, gleichviel wie ihre Ausdehnung oder wie ihr Rang sei, ein Mißklang ertöne, weil sehr, sehr viele Menschen unseres Volkes Haydns große Melodie nur eben als Vorspann zu dem „dichterisch" und musikalisch minderwertigen Horst-Wessel-Lied im Gedächtnis haben, dessen banale Melodie den Marsch-Takt in ein Volksverderben abgab.
Doch das ist es nicht allein. Als mich die Frage nach einer Nationalhymne bewegte – und das liegt innerlich längst vor meiner Wahl zum Bundespräsidenten – glaubte ich, daß der tiefe Einschnitt in unserer Volks- und Staatsgeschichte einer neuen Symbolgebung bedürftig sei, damit wir vor der geschichtlichen Tragik unseres Schicksals mit zugleich reinem und freiem Herzen, in klarer Nüchternheit des Erkennens der Lage bestehen werden. Ich weiß heute, daß ich mich täuschte. Ich habe den Traditionalismus und sein Beharrungsbedürfnis unterschätzt. Man hat mir wegen meines Planes manche herzhafte Zustimmung gegeben, und zwar aus schier allen heute wesentlichen politischen Gruppen, man hat mich bewegend, entrüstet, töricht, banal in zahllosen Briefen, Telegrammen, Resolutionen belehrt, daß man in der Not die Vergangenheit nicht verleugne usf. usf. Wenn mich jemand über geschichtliches Würdegefühl belehren wollte, habe ich das kühl auf die Seite geschoben. Denn ich bin stolz und selbstbewußt genug, zu meinen, daß einige meiner in der Vergangenheit liegenden literarischen und wissenschaftlichen Arbeiten der deutschen Würde bekömmlicher waren als die Leistung mancher „prominenter" Protestler von heute, die besser schweigen.
Da ich kein Freund von pathetischen Dramatisierungen bin und mit mir selbst im reinen bleiben will, muß ich nach meiner Natur auf eine „feierliche Proklamation" verzichten. Wenn ich also der Bitte der Bundesregierung nachkomme, so geschieht das in der Anerkennung des Tatbestandes.
Ich möchte daran zwei Erwartungen und Wünsche knüpfen. In den letzten Jahren habe ich, zum Teil durch recht prominente Mitglieder aus den Reihen der CDU, der FDP, der SPD Versicherungen erhalten, wie richtig, wie falsch das sei, was ich versucht habe – es wäre ein Glück, wenn nun das Kapitel der Parteiauffassungen abgeschlossen wäre, das auch in einigen Landtagen abgehandelt wurde. Zum anderen: Man hatte mir nahegelegt, bei der Freigabe von Helgoland den erwarteten Akt der „Proklamation" zu vollziehen, weil bekanntlich auf dieser Insel Hoffmann seine Verse gedichtet hat. Das ist nun so: Hoffmann von Fallersleben war ein Schwarz-Rot-Goldener, sogar leicht verärgert, daß nach 1870 sein Gedicht gar nicht in Aufnahme kam. Ich würde sehr froh sein, wenn alle, die sich jetzt in Briefen und Entschließungen und Artikeln so lebhaft zu ihm bekannt haben, auch die Folgerungen daraus weiter ziehen, und es wäre verdienstlich, Herr Bundeskanzler, wenn die Bundesregierung mit dafür sorgen

könnte, daß diese Farben bei festlichen Anlässen, da man die Worte von Hoffmann von Fallersleben singen will und singen wird, nicht bloß an den Amtsgebäuden wehen, sondern von den Mitgliedern der Gruppen, die sich dafür in Beschlüssen erklärt haben, als das Symbol unseres Staates auch öffentlich bekannt würden.
Mit guten Grüßen
Ihr
gez. Theodor Heuss

M 7
Das Deutschlandlied (1952)[5]

Durch einen schlichten Briefwechsel zwischen dem Bundespräsidenten und Bundeskanzler Dr. Adenauer ist das Deutschlandlied wieder als Nationalhymne anerkannt worden. Der Bundespräsident hat damit einer mehrfach geäußerten Bitte der Bundesregierung entsprochen. Es dürfte kein Zweifel darüber bestehen, daß diese Entscheidung, die das ganze Deutschlandlied betrifft, von der inneren Zustimmung der überwiegenden Mehrheit des deutschen Volkes getragen wird.
Es entspricht durchaus der deutschen Situation, daß diese Entscheidung nicht in Form einer feierlichen Proklamation vollzogen wurde. Denn einmal bedurfte es einer solchen Proklamation nicht, weil das Lied niemals aus dem Bewußtsein des Volkes geschwunden war; aus diesem Grund handelt es sich tatsächlich nur um die offizielle Anerkennung eines Tatbestandes, der immer wieder offensichtlich in Erscheinung getreten ist.
Auf der anderen Seite aber ist es nicht die Zeit, nationalen Symbolen eine demonstrative Bedeutung zu geben. Die deutsche Politik orientiert sich nicht mehr an einem Nationalismus, der einer vergangenen Epoche angehört und der zu der Katastrophe des Jahres 1945 mit beigetragen hat. Sie strebt im Gegenteil zu größeren politischen Zusammenschlüssen, in denen die nationalen Eigenheiten der Völker zwar nicht verschwinden sollen, aber doch in einer höheren Weise aufgehoben werden. Deshalb soll auch bei staatlichen Veranstaltungen die dritte Strophe des Deutschlandliedes gesungen werden. Dadurch wird vor aller Welt dokumentiert, daß mit der Anerkennung des Deutschlandliedes als Nationalhymne keine Anknüpfung an nationalistische Vorstellungen verbunden ist. Dennoch sollte die Bedeutung dieses Vorganges auch nicht unterschätzt werden. Er ist ein Zeichen für die zunehmende Stabilität unseres staatlichen Lebens nach innen und nach außen.
Das deutsche Volk ist im Begriff, seinen gleichberechtigten Platz unter den freien Völkern der Welt wieder einzunehmen, und seine Beziehungen zu den anderen Nationen gestalten sich immer enger. Hieraus ergeben sich auch zahlreiche Notwendigkeiten für die Intonation einer Nationalhymne. Deshalb ist

auch zu hoffen, daß die Entscheidung des Bundespräsidenten keine öffentliche Kritik erfährt. Niemand wird die Bedenken gering achten, die Professor Heuss selbst und andere führende Persönlichkeiten dieser Entscheidung gegenüber hegen.
Diese Bedenken haben jedoch nicht die Stimme des Volkes übertönen können. Dieser Stimme hat seinerzeit auch der erste deutsche Reichspräsident, Friedrich Ebert, entsprochen, als er aus Anlaß der Verfassungsfeier am 11. August 1922 das Deutschlandlied zur Nationalhymne bestimmte. Er schrieb damals u. a., daß das Lied des Dichters, gesungen gegen Zwietracht und Willkür, nicht Mißbrauch im Parteikampf finden und auch nicht als Ausdruck nationalistischer Überhebung dienen solle. In Erfüllung seiner Sehnsucht solle dagegen unter schwarz-rot-goldenen Fahnen der Sang von Einigkeit und Recht und Freiheit der festliche Ausdruck unserer vaterländischen Gefühle sein. – Diese Sätze haben auch für das Heute ihre wegweisende Kraft bewahrt.

M 8

Briefwechsel zwischen Theodor Heuss und Konrad Adenauer zur 3. Strophe des Deutschlandliedes[6]

Theodor Heuss — Stuttgart, 6. 12. 1959

Verehrter, lieber Herr Bundeskanzler
... es kommt mir zu Gerücht, daß von dem sog. „Deutschlandlied" durch einen Erlaß des Bundes-Innenministeriums alle drei Strophen „freigegeben" werden sollen; der Briefwechsel zwischen Ihnen und mir (vom 29. 4. und 2. 5. 1952) besage darüber nichts ... Ich habe diesen Briefwechsel nicht zur Hand, weiß aber, daß wir beide uns darüber einig waren: es solle nur die dritte Strophe gelten ... Vielleicht ist das Gerücht, das mich erreichte, falsch – um so besser. Doch wollte ich nicht versäumt haben, Ihnen darüber zu schreiben.
Mit guten Grüßen und Wünschen
Ihr
gez. Theodor Heuss

Bundeskanzler K. Adenauer — Bonn, 10. 12. 1959

Sehr verehrter, lieber Herr Bundespräsident!
Ihre Befürchtungen bezüglich der Nationalhymne sind unbegründet; es ist keine Änderung beabsichtigt ...
Mit herzlichen Grüßen wie immer
Ihr
Adenauer

M 9

Das Bundesverfassungsgericht zur Nationalhymne (1990)

Leitsätze
zum Beschluß des Ersten Senats vom 7. März 1990
– 1 BvR 1215/87 –

1. Art. 5 Abs. 3 Satz 1 GG schließt eine Bestrafung nach § 90 a Abs. 1 Nr. 2 StGB wegen Verunglimpfung der Hymne der Bundesrepublik Deutschland nicht generell aus.
2. Als staatliches Symbol geschützt ist nur die dritte Strophe des Deutschlandliedes.

IM NAMEN DES VOLKES

In dem Verfahren über
die Verfassungsbeschwerde

des Herrn B...

– Bevollmächtigte: Rechtsanwälte Rudolf Gerber und Uwe Schreiner,
Gartenstraße 13, Roth –
gegen den Beschluß des Bayerischen Obersten Landesgerichts vom 31. August 1987
– RReg. 5 St. 153/87 –

hat das Bundesverfassungsgericht – Erster Senat – unter Mitwirkung des Präsidenten Herzog, der Richter Henschel, Seidl, Grimm, Söllner, Dieterich, Kühling und der Richterin Seibert am 7. März 1990 beschlossen:

Der Beschluß des Bayerischen Obersten Landesgerichts vom 31. August 1987 – RReg. 5 St. 153/87 – verletzt den Beschwerdeführer in seinem Grundrecht aus Artikel 5 Absatz 3 Satz 1* des Grundgesetzes. Er verletzt ihn darüber hinaus in seinem Recht aus Artikel 103 Absatz 2** des Grundgesetzes, soweit die Verurteilung die Verunglimpfung der ersten beiden Strophen des Deutschlandliedes betrifft. Der Beschluß wird aufgehoben. Die Sache wird an das Bayerische Oberste Landesgericht zurückverwiesen.
Der Freistaat Bayern hat dem Beschwerdeführer die notwendigen Auslagen zu erstatten.

Gründe:

A.

Der Beschwerdeführer wendet sich gegen seine Bestrafung wegen Verunglimpfung der Hymne der Bundesrepublik Deutschland (§ 90 a Abs. 1 Nr. 2 StGB).

I.

Ende August 1986 wurde in dem in Nürnberg erscheinenden Stadtmagazin „plärrer“, dessen verantwortlicher Redakteur der Beschwerdeführer war, folgender Text veröffentlicht:

---

* „Kunst und Wissenschaft, Forschung und Lehre sind frei.“
** „Eine Tat kann nur bestraft werden, wenn die Strafbarkeit gesetzlich bestimmt war, bevor die Tat begangen wurde.“

Deutschlandlied '86
Text: Anonym/Musik: Joseph Haydn

Deutschland, Deutschland over allos
Auf der Straße liegt das Geld
Wenn es gegen Los Krawallos
Gnadenlos zusammenhält
Von Beethoven bis Bergen Belsen
Von Wackersdorf bis Asylantenzelt
Deutschland, Deutschland, hyper alles
Du schönstes Biotop auf der Welt

Deutsche Türken, deutsche Pershings
Deutscher Bigmäc, deutscher Punk
Sollen in der Welt behalten
Ihren alten schönen Klang
Deutsche Cola, deutsche Peepshow
Deutsche Mark und deutsche Samenbank
Solln zu edler Tat begeistern
Uns das ganze Leben lang

Schleimigkeit und Frust und bleifrei
Für das deutsche Tartanland
Darauf laßt uns einen heben
Vorneweg und hinterhand
Schlagstockfrei und Krebs und Gleitcrem
Deutschland, wuchert mit dem Pfund
Kopulier'n im deutschen Stalle
Mutterschaf und Schäferhund

Neben diesem Text war ein Artikel unter der Überschrift „Tomayers deutsche Hitparade, heute: Das Deutschlandlied 1986" abgedruckt, in dem satirische Erläuterungen zum Inhalt und zu den Verwendungsmöglichkeiten des Liedes gegeben wurden.
Aufgrund dieser Veröffentlichung beschlagnahmte das Amtsgericht diese Ausgabe der Zeitschrift. Der Beschwerdeführer nahm dies zum Anlaß, eine „Presseerklärung" drukken zu lassen, die in Nürnberger Buchhandlungen ausgelegt wurde. Darin schilderte und kommentierte er die Beschlagnahme und den ihr zugrunde liegenden Sachverhalt unter wörtlicher Wiedergabe des Liedes.
Das Amtsgericht verurteilte den Beschwerdeführer wegen zweier sachlich zusammentreffender Vergehen der Verunglimpfung der Symbole des Staates zu einer Gesamtfreiheitsstrafe von vier Monaten. Die Berufung des Beschwerdeführers verwarf das Landgericht als unbegründet. Es führte aus: Im „Deutschlandlied '86" würden bewußt und gezielt Worte und Begriffe verwendet, die den Eindruck erwecken sollten, bei der Bundesrepublik Deutschland handele es sich um einen Staat, dessen wesentliche Merkmale brutale Gewaltausübung der Staatsgewalt, Krankheit und primitive Sexualität seien. Das Sammelsurium negativer Begriffe sei kein Zufall, sondern zeige Methode. Eingebaut in den Text der Hymne ließen sie erkennen, daß der Zweck ihrer Verwendung sei, die Hymne der Bundesrepublik Deutschland und damit die Bundesrepublik Deutschland selbst anzugreifen und in den Schmutz zu ziehen. Das Grundrecht der Kunstfreiheit stehe der Bestrafung des Beschwerdeführers nicht entgegen. Nach dem weit gefaßten Kunstbegriff des Bundesverfassungsgerichts müsse davon ausgegangen werden, daß auch das „Deutschlandlied '86" für sich in Anspruch nehmen könne, als Kunst eingestuft zu wer-

den. Freilich unterliege auch die Kunstfreiheit Einschränkungen nach den Grundsätzen der Grundrechtskollision. Als begrenzendes Schutzgut der Verfassung komme hier der Bestand der Bundesrepublik Deutschland und ihrer freiheitlichen demokratischen Grundordnung in Betracht. Die Kunstfreiheit habe jedoch nur gegenüber einer schwerwiegenden Beeinträchtigung der Grundsätze zurückzutreten, welche die freiheitliche demokratische Grundordnung ausmachten. Diese Voraussetzung sei erfüllt. Durch die Anhäufung von negativen Metaphern werde die Bundesrepublik mit ihrer Staatsordnung gezielt verunglimpft und lächerlich gemacht. Zweck dieser Bestrebung sei es, das Staatsgefühl der Bürger, die sich zu diesem Staat bekennen und in ihm heimisch fühlen, der Lächerlichkeit preiszugeben. Werde jedoch das Staatsbewußtsein der Bürger untergraben, gerate auch die freiheitliche demokratische Grundordnung in Gefahr. Durch die Art der Verbreitung – Publizierung in einem Presseorgan mit nicht unbeträchtlicher Auflage und Auslegung von „Presseerklärungen" in Nürnberger Buchhandlungen – werde eine große Breitenwirkung angestrebt und erreicht.
Die Revision des Beschwerdeführers verwarf das Bayerische Oberste Landesgericht mit dem angegriffenen Beschluß gemäß § 349 Abs. 2 StPO einstimmig als offensichtlich unbegründet.

II.

Mit seiner Verfassungsbeschwerde rügt der Beschwerdeführer eine Verletzung seiner Rechte aus Art. 5 Abs. 3 Satz 1 und Art. 103 Abs. 2 GG.
Durch die Veröffentlichung des „Deutschlandliedes '86" habe er nicht die der Kunstfreiheit immanenten Schranken überschritten. Das „Lächerlichmachen einer Hymne" sei nicht geeignet, die freiheitliche demokratische Grundordnung in ihrem Bestand zu erschüttern; denn es dürfe nicht übersehen werden, wie verfestigt das Bekenntnis zu diesen Werten bei der Mehrheit der Bevölkerung der Bundesrepublik Deutschland sei. Selbst wenn es seine Intention gewesen wäre, das Staatsgefühl der Bürger der Bundesrepublik Deutschland der Lächerlichkeit preiszugeben, sei es doch überaus fraglich, ob dies durch die Veröffentlichung überhaupt möglich gewesen sei. Keinesfalls wäre dadurch das Staatsbewußtsein der Bürger der Bundesrepublik Deutschland untergraben worden und somit die freiheitliche demokratische Grundordnung in Gefahr geraten.
Art. 103 Abs. 2 GG sei verletzt worden, weil das Deutschlandlied den Anforderungen an den Gesetzesvorbehalt nicht genüge. Bereits der Streit, ob alle drei Strophen oder lediglich die dritte als Nationalhymne anzusehen seien, sei sicheres Indiz für die Unklarheit der Rechtslage. Bei § 90 a StGB handele es sich um ein Blankettgesetz, weil in ihm nicht geregelt sei, was die Farben, die Flagge, das Wappen oder die Hymne der Bundesrepublik Deutschland seien. Insoweit verweise die Strafvorschrift notwendigerweise auf andere Rechtsnormen. Auch hier müsse wie überall sonst im Strafrecht gefordert werden, daß der Blankettatbestand durch Gesetze ausgefüllt werde. Diesen Anforderungen sei hinsichtlich der Bestimmung des Deutschlandliedes zur Nationalhymne nicht genügt.

III.

1. Der Bundesminister der Justiz, der namens der Bundesregierung Stellung genommen hat, hält die Verfassungsbeschwerde nicht für begründet: Da die Nationalhymne durch den Briefwechsel zwischen Bundeskanzler Adenauer und Bundespräsident Heuss vom 29. April 1952 und 3. Mai 1952 verbindlich festgelegt worden sei, sei dem Bestimmtheitsgebot des Art. 103 Abs. 2 GG Genüge getan. Aus dem Wortlaut des Schriftwechsels ergebe sich, daß das aus drei Strophen bestehende Deutschlandlied die Nationalhymne bilde. Hiervon zu unterscheiden sei die Einschränkung, bei staatlichen Anlässen nur die dritte Strophe zu singen.

Der Beschwerdeführer werde auch nicht in seinem Recht aus Art. 5 Abs. 3 Satz 1 GG verletzt. Es sei bereits zweifelhaft, ob das von ihm veröffentlichte „Deutschlandlied '86" als Kunst im Sinne dieses Grundrechts angesehen werden könne. Die angegriffenen Entscheidungen seien aber selbst dann mit der Kunstfreiheitsgarantie vereinbar, wenn die Kunstqualität des Liedes unterstellt werde. Die in der Nachdichtung zum Ausdruck kommende Beschreibung der Bundesrepublik Deutschland verletze das allgemeine Persönlichkeitsrecht ihrer Bürger und deren Empfinden als Staatsbürger. Die Nationalhymne, die ebenso wie die Bundesflagge identitätsstiftende Bedeutung habe, werde zum Objekt plumper Verhöhnung. Das Motiv, die Form und der äußere Rahmen der Verunglimpfung seien so schwerwiegend, daß die Kunstfreiheit zurücktreten müsse.

2. Das Bayerische Staatsministerium der Justiz sieht ebenfalls keine Verletzung von Rechten des Beschwerdeführers: Ein Verstoß gegen Art. 103 Abs. 2 GG liege nicht vor. Aus dem verfassungsrechtlichen Bestimmtheitsgebot strafrechtlicher Normen folge, daß deren Anwendungsbereich und Tragweite aufgrund der konkreten Umschreibung durch Tatbestandsmerkmale erkennbar und durch Auslegung ermittelbar sein müßten. Verfassungsrechtlich unbedenklich sei die Verwendung eines Begriffs, wenn mit Hilfe der üblichen Auslegungsmethoden das Verbot eines bestimmten Verhaltens erkennbar und die Reaktion des Staates vorhersehbar seien. Ausgehend von diesen Grundsätzen entspreche es der Normenbestimmtheit, das Deutschlandlied in allen Strophen als Hymne der Bundesrepublik Deutschland anzusehen.

Auch Art. 5 Abs. 3 Satz 1 GG werde nicht verletzt. Das Landgericht habe zutreffend darauf abgestellt, daß die Gefährdung des Bestandes der Bundesrepublik Deutschland und ihrer freiheitlichen demokratischen Grundordnung im Einzelfall die Kunstfreiheit überwiegen könne. Seine Feststellung, die Verbreitung der Nachdichtung könne das Staatsbewußtsein der Bürger untergraben, begegne keinen Bedenken.

B.

Die Verfassungsbeschwerde ist begründet.

Die angegriffene Entscheidung verletzt den Beschwerdeführer in seinem Grundrecht aus Art. 5 Abs. 3 Satz 1 GG (I.). Die auf Art. 103 Abs. 2 GG zielende Rüge greift demgegenüber nur insoweit durch, als es um die Bestrafung wegen Verunglimpfung der ersten beiden Strophen des Deutschlandliedes geht (II.).

I.

1. Da der Beschwerdeführer seine Bestrafung für unvereinbar mit der Kunstfreiheit hält, muß das Bundesverfassungsgericht nicht nur prüfen, ob die angegriffene Entscheidung auf eine grundsätzlich unrichtigen Auffassung von Bedeutung und Tragweite des in Anspruch genommenen Grundrechts beruht. Es muß die Auslegung des einfachen Rechts vielmehr auch in ihren Einzelheiten auf ihre Vereinbarkeit mit der Kunstfreiheit untersuchen (vgl. BVerfGE 75, 369 <376>; 77, 240 <250 f.>; Beschluß vom heutigen Tage – 1 BvR 266/86 und 1 BvR 913/87).

Zu klären ist daher, ob die inkriminierten Handlungen des Beschwerdeführers in den Schutzbereich des Art. 5 Abs. 3 Satz 1 GG fallen, die angegriffene Entscheidung diesen Schutzbereich richtig erkannt und die der Kunstfreiheit gesetzten Schranken im einzelnen richtig beurteilt hat.

2. Beide Handlungen, deretwegen der Beschwerdeführer bestraft wurde, sind dem Schutzbereich des Art. 5 Abs. 3 Satz 1 GG zuzuordnen.

a) Die Nachdichtung des Deutschlandliedes ist Kunst im Sinne dieses Grundrechts.

Dies ergibt sich sowohl bei ausschließlich formaler Betrachtungsweise, weil die Gattungsanforderungen des Werktyps „Dichtung“ erfüllt sind, als auch bei einer eher inhaltsbezogenen Definition des Kunstbegriffs. Der Verfasser benutzt die Formensprache des Gedichts, um seine Erfahrungen und Eindrücke zu bestimmten Lebensvorgängen mitzuteilen, die man unter der Überschrift „Deutsches Alltagsleben“ zusammenfassen könnte. Da eine wertende Einengung des Kunstbegriffs mit der umfassenden Freiheitsgarantie des Art. 5 Abs. 3 Satz 1 GG nicht zu vereinbaren ist, kommt es bei der verfassungsrechtlichen Einordnung und Beurteilung auf die „Höhe“ der Dichtkunst nicht an.
b) Durch die Kunstfreiheit geschützt ist auch die Verbreitung des Liedes, also der Wirkbereich des Kunstwerks. Damit steht aber noch nicht fest, daß auch die Verbreitung des Flugblatts in den Schutzbereich des Grundrechts fällt. Bei der Zeitungsveröffentlichung ist das unproblematisch, weil es dort um die Weitergabe des Liedes selbst geht. Bei der Presseerklärung ist das nicht so eindeutig. Das Kunstwerk ist hier eingebettet in eine andere Lebensäußerung, nämlich in die unverfremdete Kundgabe einer Meinung zu den Strafverfolgungsmaßnahmen gegen die Verbreitung des Liedes. Die Verteilung des Flugblatts fällt somit grundsätzlich in den Schutzbereich des Art. 5 Abs. 1 GG. Daran ändert auch der Umstand nichts, daß das Lied zitiert wird; denn dies geschieht – jedenfalls unmittelbar – nicht um des Kunstwerks willen, sondern nur, um den kritisierten Geschehensablauf zu erläutern. Die Kunst ist lediglich „Beiwerk“ der mitgeteilten Meinung, sie dient nicht deren inhaltlicher Vermittlung.
Dennoch ist auch dieser staatliche Eingriff an den Anforderungen der Kunstfreiheitsgarantie zu messen. Die Bestrafung des Beschwerdeführers knüpft nicht an das Flugblatt insgesamt und die darin mitgeteilte Meinung an, sie richtet sich im Gegenteil ausschließlich gegen den Abdruck des „Deutschlandliedes '86“. Allein vom Angriffsgegenstand her betrachtet bleibt daher der Schutzbereich der Art. 5 Abs. 3 Satz 1 GG betroffen. Dies gilt auch hinsichtlich der personellen Geltung dieses Grundrechts. Zwar könnte man an einer auf das Kunstwerk bezogenen Mittlerfunktion des Beschwerdeführers zweifeln. Denn es ging – vordergründig betrachtet – nicht um die in der Mephisto-Entscheidung behandelte notwendige Vermittlung (vgl. BVerfGE 30, 173 <189>); das Kunstwerk als solches sollte mit dem Flugblatt nicht verbreitet werden. Die Frage, ob auch mittelbare Weitergabehandlungen als Wahrnehmung der Kunstfreiheit aufzufassen sind, braucht jedoch nicht grundsätzlich entschieden zu werden; denn die besonderen Umstände des Falles zwingen jedenfalls hier dazu, dem Beschwerdeführer den Schutz dieses Grundrechts angedeihen zu lassen. Berücksichtigt werden muß, daß es ihm darum ging, mit dem Flugblatt die Freiheit zur Vermittlung des Kunstwerks zu erkämpfen. Benutzt er in diesem Zusammenhang das Kunstwerk selbst zur Verfolgung dieses Ziels, dient auch dieses Handeln dazu, es dem Publikum zugänglich zu machen. Richten sich die staatlichen Maßnahmen in solchen Fällen gezielt und ausschließlich gegen das so verbreitete Kunstwerk, wird der Verantwortliche als sein Vermittler tätig; die Meinungsäußerungsfreiheit tritt insoweit hinter Art. 5 Abs. 3 Satz 1 GG zurück.
Von ihrem verfassungsrechtlichen Ausgangspunkt her ist die angegriffene Entscheidung somit nicht zu beanstanden. Maßgeblich für deren Beurteilung sind die Ausführungen des Landgerichts, weil das Bayerische Oberste Landesgericht die Revision ohne nähere Begründung verworfen hat.
3. Das Landgericht hat jedoch den Schutzbereich des Art. 5 Abs. 3 Satz 1 GG unzutreffend bestimmt. Seine Beurteilung des Liedes berücksichtigt nicht die der Kunst eigenen Strukturmerkmale (BVerfGE 30, 173 <188>); es interpretiert die Nachdichtung nicht werkgerecht (vgl. BVerfGE 75, 369 <376>).
Bei dem „Deutschlandlied '86“ handelt es sich erkennbar um eine Satire. Dennoch bemüht sich das Landgericht nicht einmal ansatzweise darum, den Aussagekern des Lie-

des zu ermitteln und diesen von der gewählten Einkleidung zu scheiden (vgl. RGSt 62, 183 <184>; BVerfG, a. a. O., S. 377). Es hebt undifferenziert auf das „Sammelsurium" negativer und ehrverletzender Begriffe ab und zieht den Begleittext des Liedes heran, um nachzuweisen, daß die Hymne der Lächerlichkeit preisgegeben werden solle. Diese Art der Interpretation wird dem satirischen Gehalt des Werks nicht gerecht; sie verletzt die Kunstfreiheitsgarantie.
Erkennbare Absicht des Künstlers ist es, hinsichtlich der Lebensverhältnisse in der Bundesrepublik Widersprüche zwischen Anspruch und Wirklichkeit aufzuzeigen. Eingekleidet wird diese Aussage in eine Nachdichtung des Deutschlandliedes, in der unter Verwendung des Versmaßes, phonetischer Annäherung und Verfremdung des Urtextes dessen Idealisierungen in überspitzt negative Beschreibungen unserer Lebenswirklichkeit umgemünzt, also gerade in ihr Gegenteil verkehrt werden. Diesen denkbaren Aussagekern der Satire – die Anprangerung von Widersprüchen zwischen Anspruch und Wirklichkeit – vernachlässigt das Landgericht vollständig. Es kommt daher auch zwangsläufig zu der Beurteilung, das Lied wolle die Hymne der Bundesrepublik Deutschland und diesen Staat selbst verunglimpfen, ohne zu erwägen, ob durch die drastische Darstellung der Lebenswirklichkeit nicht im Gegenteil den durch Hymne und Verfassungsordnung vertretenen Idealen höhere Geltung verschafft werden sollte. Zumindest die Möglichkeit eines solchen Verständnisses hätte das Landgericht sich vergegenwärtigen müssen, anstatt sich allein für eine strafrechtlich relevante Interpretation zu entscheiden (vgl. BVerfGE 67, 213 <230>).

4. Auf der Grundlage seiner fehlerhaften Interpretation kommt das Landgericht auch zu einer Grenzziehung zwischen Kunstfreiheit und widerstreitenden Verfassungswerten, die den Anforderungen des Art. 5 Abs. 3 Satz 1 GG nicht hinreichend Rechnung trägt. Zwar läßt sich die in § 90 a Abs. 1 Nr. 2 StGB angeordnete Strafbarkeit der Verunglimpfung der Hymne grundsätzlich mit der Kunstfreiheit vereinbaren (a); die Verhängung der Strafe beruht jedoch auf dem nicht werkgerechten, die Kunstfreiheit mißachtenden Verständnis der Nachdichtung, weil auch die übrige Begründung der Entscheidung die Verurteilung nicht trägt und die Einkleidung der Satire als solche nicht zwangsläufig zur Anwendung der Strafnorm führen muß (b).
a) Ebenso wie die Bundesflagge wird die Nationalhymne durch § 90 a Abs. 1 Nr. 2 StGB als Symbol der Bundesrepublik Deutschland geschützt. Dieser Schutz der Hymne ist wie derjenige der Flagge (vgl. den Beschluß vom heutigen Tage – 1 BvR 266/86 und 1 BvR 913/87 unter B II 2 b) in der Verfassung begründet. Da bei staatlichen Anlässen jedoch nur die dritte Strophe des Deutschlandliedes gesungen wird (vgl. unter B II), kann sich der Schutz des staatlichen Symbols von vornherein nur auf diese Strophe beziehen.
b) Das Bestreben des Landgerichts, die gegenläufigen, gleichermaßen verfassungsrechtlich geschützten Güter durch eine fallbezogene Abwägung zum gerechten Ausgleich zu bringen, mußte – abgesehen von dem nur eingeschränkten verfassungskräftigen Schutz des Deutschlandliedes – zwangsläufig daran scheitern, daß es die Nachdichtung nicht in der erforderlichen Weise interpretiert hat. Solange dies nicht geschehen ist, steht nicht einmal fest, ob es überhaupt notwendig ist, widerstreitende Verfassungsgüter in Konkordanz zu bringen; denn – wie unter 3. dargelegt – könnte bereits ein werkgerechtes Verständnis der Nachdichtung zu der Verneinung einer Verunglimpfung führen. Dem läßt sich nicht entgegenhalten, daß selbst eine Aussagekern und Einkleidung vertretbar würdigende Interpretation zwangsläufig zu der Annahme einer Verunglimpfung hätte führen müssen, weil die Einkleidung der Satire schon für sich gesehen als „formal" verunglimpfend betrachtet worden sei. Eine solche Annahme verbietet sich bereits deshalb, weil die Ausführungen des Gerichts nicht erkennen lassen, ob es in den überspitz-

ten Formulierungen des Liedes auch unabhängig von seiner Grundaussage eine Verunglimpfung sieht.
Da das Bayerische Oberste Landesgericht in dem Urteil des Landgerichts keine Rechtsfehler hat finden können, genügt sein Beschluß ebenfalls nicht den Anforderungen, die Art. 5 Abs. 3 Satz 1 GG an eine Bestrafung nach § 90 a Abs. 1 Nr. 2 StGB stellt.

II.

Die Rüge, Art. 103 Abs. 2 GG sei verletzt, ist demgegenüber nur zum Teil begründet.
Der in dieser Vorschrift niedergelegte Bestimmtheitsgrundsatz verpflichtet den Gesetzgeber, die Voraussetzungen der Strafbarkeit so konkret zu umschreiben, daß Tragweite und Anwendungsbereich der Straftatbestände zu erkennen sind und sich durch Auslegung ermitteln lassen (vgl. BVerfGE 75, 329 <340 f.>). Jedermann soll voraussehen können, welches Verhalten mit Strafe bedroht ist; darüber hinaus soll sichergestellt werden, daß der Gesetzgeber selbst abstrakt-generell über die Strafbarkeit entscheidet (vgl. BVerfG, a. a. O., S. 341).
Diese Anforderungen sind hinsichtlich der Frage, welches Lied die „Hymne der Bundesrepublik Deutschland“ ist, nur insoweit erfüllt, als es um die dritte Strophe des Deutschlandliedes geht. Der Briefwechsel zwischen dem Bundeskanzler Adenauer und dem Bundespräsidenten Heuss aus dem Jahre 1952 (Bulletin der Bundesregierung Nr. 51 vom 6. Mai 1952, S. 537; abgedruckt auch bei Hellenthal, NJW 1988, S. 1294 <1297>) ist nicht eindeutig. Ihm ist nicht ausdrücklich zu entnehmen, daß dieses Lied nur mit seiner dritten Strophe zur Hymne erklärt werden sollte. Eindeutig ist jedoch darin festgelegt worden, daß bei staatlichen Veranstaltungen die dritte Strophe gesungen werden solle. Dem entspricht mittlerweile eine jahrzehntelange allgemeine Übung. Für den Adressaten des § 90 a Abs. 1 Nr. 2 StGB geht der erkennbare Wortsinn des Begriffs „Hymne der Bundesrepublik Deutschland“ daher nicht über die dritte Strophe des Deutschlandliedes hinaus. Bestrafungen wegen einer Verunglimpfung der ersten beiden Strophen verstoßen mithin gegen den Bestimmtheitsgrundsatz des Art. 103 Abs. 2 GG.

Herzog Henschel Seidl
Grimm Söllner Dieterich
Kühling Seibert

10.2 Stellungnahmen von Politikern der Bundesrepublik Deutschland zur Diskussion über die deutsche Nationalhymne

Über den richtigen Gebrauch unserer Nationalhymne wurde in den letzten Jahren aus aktuellen Anlässen immer wieder einmal gestritten. Wir haben uns an alle Fraktionen im Deutschen Bundestag und im Abgeordnetenhaus von Berlin sowie an die Repräsentanten wichtiger staatlicher Institutionen mit der Bitte gewandt, mit einem kurzen Beitrag an einer Diskussion um Bedeutung, Verwendung und Zukunft unserer Nationalhymne teilzunehmen. Nicht alle Adressaten haben einen Beitrag eingesandt. Einige antworteten gar nicht, andere haben ihre Absage begründet.
Als Anstoß und Leitfaden hatten wir in unserem Schreiben Fragen formuliert, die es ermöglichen sollten, die einzelnen Beiträge aufeinander zu beziehen:

- Halten Sie unsere Nationalhymne für zeitgemäß?
- Sollten wir erneut eine öffentliche Diskussion um den Text der Nationalhymne beginnen?
- Sollten wir den Gebrauch unserer Hymne fördern?
- Sollte man im Zusammenhang mit der europäischen Integration auf nationale Symbole und Zeremonien ganz verzichten?

Sämtliche Beiträge wurden vor dem jüngsten Urteil des Bundesverfassungsgerichts vom März 1990 [s. Abschnitt 3.4.2] und die meisten vor den politischen Veränderungen in der DDR verfaßt.

M 10
Bundesrat
Bundesratspräsident Björn Engholm*
Bonn, 18. Juli 1989
Vorwegschicken möchte ich, daß ich nur etwas über mein persönliches Verhältnis zu unserer Nationalhymne sagen kann, so wie sich jeder seine eigene Meinung zu diesem Thema bilden sollte.
Denn allenfalls das Symbol selbst – sei es die Hymne oder die Flagge oder etwas anderes – läßt sich verordnen, nicht jedoch die Einstellung des einzelnen hierzu. Symbole gehören zur staatlichen Repräsentation, die berechtigt ist. Sie dienen bei wichtigen Anlässen wie Staatsbesuchen als Kurzform staatlicher Selbstdarstellung nach außen, auf die kein Land verzichten möchte. Dies war auch das Motiv für Bundeskanzler Adenauer im Jahre 1952, den damaligen Bundespräsidenten Heuss um eine Entscheidung dieser Frage für die damals noch

* Am 1. 11. 1989 löste der Regierende Bürgermeister von Berlin, Walter Momper, turnusgemäß Björn Engholm als Bundesratspräsidenten ab.

nicht souveräne Bundesrepublik Deutschland zu bitten. Die Antwort von Bundespräsident Heuss spiegelt wider, daß dieses Thema auch in Anbetracht des erschreckenden Mißbrauchs nationaler Symbole im Dritten Reich nicht ohne Emotionen diskutiert und nicht mit allgemein gültigen Worten beantwortet werden konnte und kann.
Ich halte es für richtig, daß sich unser Staat beim Text zum Haydn'schen Lied auf die dritte Strophe beschränkt. „Einigkeit und Recht und Freiheit" sind Ziele, die zu den tragenden Säulen des Grundgesetzes gehören und die man auch nach 40 Jahren Bundesrepublik, zumal in einem immer noch geteilten Land, mit Überzeugung anstimmen kann. Eine so zeitgemäße Hymne kann man sogar ungezwungen und ohne Scheu, jedoch bitte auch ohne jede Verklärung, singen und spielen. Von einer zwangsweisen Förderung oder gefühlsbetonten Überhöhung halte ich dagegen gar nichts.
Das zusammenwachsende Europa wird trotz eigener Symbole nationale Identifikationsmerkmale nicht aufgeben. Warum auch?
So wenig „Schleswig-Holstein, meerumschlungen" und „Gott mit dir, du Land der Bayern" die feste Verankerung des Bundesstaates in unserem Staatsaufbau berühren, so wenig müssen „God save the Queen", die „Marseillaise" oder das „Lied der Deutschen" Ausdruck eines überzogenen Nationalismus sein, der enge grenzüberschreitende Zusammenarbeit behindert. Das Deutschlandlied will und kann die Herausbildung eines europäischen Bewußtseins nicht aufhalten. Wäre dies die Absicht staatlicher Symbolik, würde sie ihren Sinn zweifellos verfehlen.

M 11

SPD-Fraktion im Deutschen Bundestag

Bonn, 13. Dezember 1989

Der Streit um die Nationalhymne, wie er bei der Gründung der Bundesrepubik stattgefunden hatte, kann als beigelegt betrachtet werden. Eigentlich ist es schade, daß der als freiheitsliebend gemeinte Text von Hoffmann von Fallersleben durch den Nationalsozialismus mißbraucht und pervertiert worden ist.
Am Text der dritten Strophe ist allerdings nach wie vor nichts auszusetzen. Die immer wieder erfolglosen deutschen Freiheitsbewegungen haben für Einigkeit und Recht und Freiheit gekämpft. Wir haben einen demokratischen und sozialen Bundesstaat erhalten und seine Werte über 40 Jahre stabilisiert. Das Wort Einigkeit hat am 9. und 10. November, als die Deutschen aus beiden deutschen Staaten ohne jeglichen nationalistischen Beigeschmack ihr Wiedersehen feierten, eine neue Nuance erhalten. Daß die Menschen bei der Kundgebung vor dem Schöneberger Rathaus am 10. November die Nationalhymne deplaziert gefunden haben, ist ein Ausdruck dieser Stimmung. Man freute sich über die neu gewonnene Freiheit und lehnte jeden nationalen oder nationalistischen Beigeschmack ab, der an die Nationalstaaten des vorigen und der ersten Hälfte

dieses Jahrhunderts erinnerte. Andererseits war der Text für den Deutschen Bundestag durchaus angemessen, um der spontanen Freude über die Öffnung der deutsch-deutschen Grenze in dessen Rahmen Ausdruck zu geben.
Wir haben diese Nationalhymne und sie kann auch bei gegebenen Anlässen gesungen werden. Es bedarf keiner erneuerten öffentlichen Diskussion über den Text, vor allem nicht über eine Wiederbelebung der ersten beiden Strophen.
Der entscheidende Fortschritt der in vielen Punkten unseligen europäischen Nachkriegsordnung ist, daß wir gelernt haben, daß die Zukunft in Integration und übernationaler Zusammenarbeit liegt. Deshalb ist es nicht angemessen, den öffentlichen Gebrauch der Hymne als nationales Symbol in der Weise zu fördern, wie Sie das in Ihren Fragen andeuten. Also: der Gebrauch der dritten Strophe der Nationalhymne hat sich etabliert, der Text gibt keinen Anlaß zur erneuten Überprüfung. Durch die Pervertierung im Nationalsozialismus sind die ersten beiden Strophen unbrauchbar geworden. In einer Zeit, in der die Nationalstaaten immer mehr Problemlösungskompetenzen verlieren, wäre es anachronistisch, durch Symbolhandlungen, wie verstärkten Gebrauch der Nationalhymne dazu Kontrapunkte zu setzen. Der sparsame Gebrauch der Nationalhymne ist dieser „internationalistischen" Entwicklung, aber auch der Geschichte unseres schwierigen Vaterlandes durchaus angemessen.

M 12

CSU-Landesgruppe der CDU/CSU-Fraktion des Deutschen Bundestages

Bonn, 25. Juli 1989

Deutschland hat das große Glück, eine Nationalhymne zu besitzen, die die Bevölkerung selbst dazu gemacht hat. Es besteht nicht der mindeste Anlaß, dieses Geschenk der historischen Entwicklung in Frage zu stellen. Die Nationalhymne ist überdies eines der Verbindungsglieder, in denen die Kontinuität der geschichtlichen Entwicklung vom alten Heiligen Römischen Reich Deutscher Nation, das der Rahmen der deutschen Geschichte bis 1806 war, hin zum deutschen Nationalstaat, wie er bis heute völkerrechtlich fortbesteht, zum Ausdruck kommt. Die Melodie der Nationalhymne aus einem Streichquartett von Joseph Haydn war diejenige der Kaiserhymne auf den letzten deutschen Kaiser Franz II., der diese Würde 1806 niederlegte und sich auf den Kaiser von Österreich als Franz I. beschränkte, was er seit 1804 gleichzeitig gewesen war. Auf diese Melodie dichtete Hoffmann von Fallersleben, einer der Vorkämpfer der demokratischen und freiheitlichen Revolution von 1848, den Text, den wir noch heute singen. Das Lied war im Kaiserreich so populär, daß die damalige offizielle Hymne, die gleichzeitig die preußische war, darüber in den Hintergrund trat. Dem trug Friedrich Ebert, der erste Reichspräsident der Deutschen Republik und frühere Vorsitzende der SPD, Rechnung, indem er das Deutschlandlied auch offiziell zur Nationalhymne erklärte.

Als sich das deutsche Volk nach 1945 im freien Teil des Landes wieder eine staatliche Organisation geben konnte, erklärte der erste Bundespräsident auf Vorschlag des ersten Bundeskanzlers das Deutschlandlied mit allen drei Strophen wiederum zur Nationalhymne, wobei festgelegt wurde, bei offiziellen staatlichen Veranstaltungen nur die dritte Strophe zu singen, die von „Einigkeit und Recht und Freiheit" handelt und damit der bis heute andauernden Situation am meisten gerecht wird.
Auch heute noch ist das Deutschlandlied als Nationalhymne Ausdruck der seit 1949 gegebenen staatsrechtlichen Situation. Die Bundesrepublik Deutschland ist nämlich mit dem fortbestehenden deutschen Gesamtstaat, der den Namen „Deutsches Reich" führt, identisch. Dieser vom Bundesverfassungsgericht in ständiger Rechtsprechung bestätigten Lage gibt die Nationalhymne Anschaulichkeit und Gefühlsinhalt.
Die einseitige Reduzierung der Nationalhymne auf die Melodie wäre nicht nur geschichtslos; sie würde auch in peinlicher Weise an die Praxis der DDR mit der sogenannten Becher-Hymne [von 1972 bis Anfang 1990] erinnern. Der für die Situation unseres immer noch geteilten Vaterlandes nach wie vor beziehungsreiche Text Hoffmann von Fallersleben entstammt einer historischen Epoche, die es zu verstehen, aber nicht zu leugnen oder zu vergessen gilt. Darin kommt vor allem zum Ausdruck, daß die damalige staatliche Organisation der Deutschen, der Deutsche Bund, nicht alle Deutschen umfaßte. Auch die späteren Grenzen des Deutschen Reiches seit 1871 stimmten nicht mit dieser Umschreibung Deutschlands überein, weil die Gründung des deutschen Nationalstaates damals ohne friedensgefährdende Erschütterungen des europäischen Gleichgewichts nur in der sogenannten kleindeutschen Lösung möglich war.
Unsere Nationalhymne ist deshalb in Text und Melodie Ausdruck einer, wenn auch in vielen Brüchen verlaufenen gemeinsamen deutschen Geschichte, die es nun endlich ungebrochen auch in einem vereinten, freien Europa fortzusetzen gilt. Dabei steht die Pflege und der öffentliche Gebrauch unserer Hymne der europäischen Integration keinesfalls entgegen, denn selbst wenn der europäische Einigungsprozeß in einem Europäischen Bundesstaat gipfeln sollte, werden die übrigen Mitgliedstaaten weder auf ihre nationale Identität noch auf ihre Hymnen als deren Ausdruck verzichten.

M 13

Walter Momper, Regierender Bürgermeister von Berlin

Berlin, 25 Januar 1990

Wir tun uns schwer mit nationalen Symbolen. Das ist auch kein Wunder, nachdem unter solchen Zeichen soviel Unheil angerichtet wurde, so viele Verbrechen begangen wurden.
Unsere Nationalfarben Schwarz-Rot-Gold stehen für eine gute, demokratische Tradition. Sie – die bereits die Farben der ersten deutschen Republik waren – zu

übernehmen, fiel deshalb im Nachkriegsdeutschland nicht schwer. Auch die DDR hat diese Farben übernommen.
Bei der Hymne ist alles ungleich schwieriger. Zwar hatte Hoffmann von Fallersleben wohl nicht deutsche Überheblichkeit im Sinne, als er das „Lied der Deutschen" dichtete, sondern wünschte sich nur ein Überwinden der Kleinstaaterei. Sein Wunsch wurde erfüllt, aber der Sinngehalt der ersten Zeile wurde verdreht und mißbraucht. Vielleicht ist es nur ein großer Zufall, daß der nördlichste Ort im deutschen Kaiserreich an der Grenze zu Litauen „Nimmersatt" hieß, auf jeden Fall haben wir uns so verhalten: wie ein nimmersattes Raubtier.
Deshalb hat der Text, der beginnt „Deutschland, Deutschland über alles" heute einen sehr üblen Beigeschmack. Mit gutem Grund hatte man sich also darauf verständigt, bei offiziellen Anlässen allein die dritte Strophe zu singen, als man dieses so problematisch gewordene Lied für die Bundesrepublik übernahm.
Ich halte heute eine erneute Diskussion darüber, ob man dieses Lied mit allen Strophen singen sollte, für ebenso verfehlt wie einen verstärkten Gebrauch unserer Nationalhymne. Wir haben sie und wollen sie auch nicht abschaffen, aber angesichts ihrer Geschichte sollten wir behutsam mit ihr umgehen.
Die DDR fand eine eigene Hymne, an der sie später auch keine rechte Freude mehr hatte, denn eine gewandelte Politik ließ es für sie nicht mehr zu, die Textzeile „Deutschland, einig Vaterland" zu singen. Seit 1972 wurde dieses Lied nur noch intoniert. Das aber war auch keine Lösung. Es zeigte nur, wie sehr Hymnen Ausdruck ihrer Entstehungszeit sein können, wie sehr sie dem Wandel der Zeiten und Meinungen unterliegen. Das wird unterstrichen dadurch, daß die Hymne seit Anfang 1990 wieder in der DDR gesungen werden darf. Auch deshalb muß man sich heute fragen, ob es überhaupt noch zeitgemäß ist, gerade angesichts der anstehenden europäischen Integration, in jedem Land eine eigene Hymne zu haben. Ich glaube, wir können und sollten in zunehmendem Maße auf nationale Symbole verzichten. Daß heißt nicht, daß heimatliche Symbole abgeschafft werden sollen. Die Bayern mögen weiter ihr „"Bayernlied" unter dem weiß-blauen Rautentuch singen, die Schleswig-Holsteiner das „Schleswig-Holstein-Lied", und auch der Berliner Bär wird bleiben. Das Bekennen zu einer Region scheint mir besser in ein für alle offenes, gemeinsames Haus Europa ohne nationalstaatliche Abgrenzungen zu passen.

M 14
Dr. Hanna-Renate Laurien
Mitglied des Abgeordnetenhauses von Berlin (CDU)
Mitglied des Bundesvorstandes der CDU
Berlin, 17, September 1989
Ich komme gerade von einer großen europäischen Tagung, die in Frankreich stattfand und die um die Frage nach der Europäischen Identität kreiste. Ob Franzosen, Österreicher, Niederländer oder Schweden: sie alle sangen ihre

Nationalhymnen, die in bestimmten Bezügen erklangen, vernehmlich mit und verstanden sich stets als Angehörige ihres Volkes und Europas. Europa hat nach meiner Überzeugung Zukunft nicht als „Einheitsbrei", sondern in föderaler, also bundesstaatlicher Form, in der sich Eigenständigkeit und Einheit verbinden. In solchem Europa haben Nationalhymnen durchaus ihren Platz. Wenn wir nur „supranationale" Haltungen vertreten, die das Recht auf das Eigene verachten, landen wir letztlich in Bindungslosigkeit und schaufeln Wählerstimmen denen zu, die den so Heimatlos-Gewordenen mit markigen nationalistischen Sprüchen Schein-Geborgenheit geben. Bindung, die Verantwortung einschließt, Offenheit, die durch Begegnungen erfüllt wird, das ist unser geläutertes Verständnis von nationaler Identität. Fesseln: nein, Bindung: ja.
Aus Geschichte und Gegenwart wissen wir, welch gestaltende und befreiende Kraft Nationalismus im Verbund mit Freiheitswillen hat. Ich erinnere an die gegen den Despotismus von Napoleon gerichteten Freiheitskriege, und ich blicke auf die Bewegungen im Ostblock. Wenn wir Deutschen uns auf unsere Einheit berufen, die gerade im Sommer 1989 von unseren Landsleuten aus der DDR überwältigend in das Bewußtsein gerückt wurde, dann meinen wir nicht Grenzveränderungen, nicht Chauvinismus, sondern das Recht auf Selbstbestimmung. Wir bringen die Einheit als Hebel zur Freiheit zur Sprache! In diesem Sinne paßt „Einigkeit und Recht und Freiheit" in jeder geschichtlichen und gegenwärtigen Situation. Die öffentliche Diskussion über alle drei Strophen ist nicht zwingend, aber wohl auch nicht schädlich. Aus ihr kann und sollte die Einsicht erwachsen, in welcher Lage der Exilant Hoffmann von Fallersleben sie geschrieben und wie er sie gemeint hat. Er beschrieb nicht einen Hunger nach neuem Land („von der Etsch bis an den Belt"), sondern umriß das damals total zersplitterte Land, dessen Einheit er wollte.
Dieser Text ist dann so mißbraucht worden, daß wir ihn, wenn wir den Umgang mit unserer Geschichte verantworten wollen, heute – und gewiß viele Jahre noch – nicht öffentlich singen dürfen. Mancher wendet dann dagegen ein, daß der Text der französischen Nationalhymne ja auch nicht von Friedfertigkeit triefe – das ist aber eine andere Situation. Wir können aus unserer Geschichte nicht aussteigen. Und wenn mir dann gesagt wird, wir dürften die deutsche Geschichte doch nicht auf zwölf Jahre NS-Zeit reduzieren, dann tue ich das durchaus nicht, halte aber dies „Deutschland, Deutschland über alles" nicht als Entsprechung des geläuterten Nationalverständnisses, von dem ich anfangs gesprochen habe. Als übrigens einmal in einer großen Veranstaltung in Frankfurt diese 1. Strophe gesungen wurde, bin ich – ziemlich vereinsamt – sitzen geblieben und erst bei der 3. Strophe aufgestanden ... Das hat dann eine unglaublich gute Diskussion ausgelöst, die in der Tat mit der Bejahung eines geläuterten, auf die 3. Strophe zu beziehenden Nationalgefühls endete.
Ich halte es für richtig und notwendig, daß unsere Schülerinnen und Schüler die Zusammenhänge zu unserer Nationalhymne kennen, den Text der 3. Strophe singen können – und daß sie sie auch singen!

M 15

Hilde Schramm

Mitglied des Abgeordnetenhauses von Berlin (Alternative Liste)

Berlin, 1. August 1989

Das Haydn-Quartett ist feierlich und erhebend. Es ist schwer, sich dieser Musik zu entziehen. Entsprechend hängen viele Menschen in der Bundesrepublik an der Nationalhymne wegen ihrer Melodie. Sie würden bestreiten, daß ihnen die Worte viel bedeuten, weder die 1. noch die 3. Strophe, sich vielleicht sogar kritisch gegenüber dem Text äußern.

Eine solche Trennung von Text und Melodie ist aber nicht durchzuhalten. Sie ist bestenfalls im Kopf kurzfristig herstellbar. Auch wenn nur die Melodie der Nationalhymne gespielt wird, zieht vielen Zuhörern der Text durch den Kopf, zumindest vielen Älteren, ob sie es wollen oder nicht. Der Text, der durch den Kopf zieht, heißt „Deutschland, Deutschland über alles, über alles in der Welt". Er lautet nicht „Einigkeit und Recht und Freiheit ist des Glückes Unterpfand". Die 1. Strophe und die Melodie sind im Lauf der Geschichte eine so enge Bindung eingegangen, daß die 3. Strophe dagegen nicht ankommt.

Es war ein schlechter Kompromiß, den Heuss mit Adenauer 1952 schloß, als er zustimmte, die alte Nationalhymne zur Nationalhymne der Bundesrepublik zu machen, bei staatlichen Veranstaltungen aber die 3. Strophe zu singen. Wer kannte schon die 3. Strophe und wann wurde schon laut mitgesungen? Der Kompromiß ist auch insofern schlecht, als er die entscheidende Frage unklar ließ, was eigentlich die Nationalhymne der Bundesrepublik ist: Nur die 3. Strophe oder auch die 1. und 2. Strophe? Das Bundespräsidialamt hat inzwischen Position bezogen: Auch die 1. Strophe ist Teil der Nationalhymne. Es ist nicht verboten, sie zu singen*.

Die Rechtslage zur 1. Strophe ist dennoch weiterhin unklar. Es gab Verurteilungen wegen ihrer Verunglimpfung, 1985 in Baden-Baden**, 1987 in Nürnberg, aber auch einen Freispruch, 1987 in Köln. Notfalls arbeitet die Halbheit der Entscheidung von 1952 aber für die 1. Strophe. So konnte der Kultusminister von Baden-Württemberg, Gerhard Mayer-Vorfelder, es 1982 erlauben, daß die 1. Strophe an den Schulen auswendig gelernt und gesungen wird.

Die Entscheidung von 1952 war eine Konfliktvermeidungsstrategie. Die Nationalhymne als Melodie mit ihren großdeutschen Assoziationen durfte weiterleben, nicht laut und offen, wohl aber verdeckt und gefühlsbeladen. Es nützt also

* 1974 teilte das Bundespräsidialamt auf Anfrage einer rechtsgerichteten studentischen Korporation mit, „daß die deutsche Nationalhymne aus *allen drei* Strophen des Deutschlandlieds besteht". Zwei Jahre danach, 1976, antwortete wiederum das Bundespräsidialamt auf eine ähnliche Anfrage einer rechtsgerichteten Burschenschaft: „Selbstverständlich ist es nicht verboten, die ersten beiden Strophen zu singen." (Aus: Gewerkschaft Erziehung und Wissenschaft Hessen, LandesschülerInnen-Vertretung Hessen: Argumente gegen das Deutschlandlied, Frankfurt/M. 17.3.1989, S. 9)

** Die bestrafte Umdichtung lautet: „Deutschland, Deutschland über alles / über alles in der Welt / wenn es nur genug Raketen / in den USA bestellt."

nichts, die 3. gegen die 1. Strophe zu halten und damit die Nationalhymne verteidigen zu wollen. Die 1. Strophe setzt sich durch, bewußt oder unbewußt.
Daß das „Lied der Deutschen“ sieben Jahre nach Kriegsende wieder zur Nationalhymne erklärt werden konnte, zeigt, wie wenig die führenden Politiker damals und vermutlich auch die Mehrzahl der Deutschen einen Neubeginn nach dem 2. Weltkrieg wollten, wie wenig weit die Bewußtseinsänderungen gingen und welche Gefühlskontinuitäten bestanden.
Sich zur Rechtfertigung auf die Entstehung des Liedes 1841, in der Zeit des Vormärz, zu berufen, überzeugt nicht. Das Lied war nie Ausdruck einer demokratischen Bewegung. Es wurde erst populär, als Weltmachtansprüche und Größenphantasien die Gehirne vieler Deutschen bereits vernebelt hatten, am Ende der Kaiserzeit. Ein Deutschland „von der Maas bis an die Memel, von der Etsch bis an den Belt“, hat es nie gegeben, auch nicht 1841 in Form des Deutschen Bundes. Das „Lied der Deutschen“ wurde vor dem 1. Weltkrieg das Lied der Deutschnationalen, der Militaristen, der kritiklosen Bismarckverehrer und Antisemiten. Im 1. Weltkrieg sangen es dann die jungen Freiwilligen, als sie mit falschem Heroismus vor Langemarck zu Tausenden in ihren Tod liefen. Die 1. Strophe benannte schon damals nicht nur traditionelle Träume, sondern imperialistische Kriegsziele. 1918 war es das Lied der gegenrevolutionären, nationalen Freikorps und der Brigade Ehrhard, die 1920 gegen die sozialdemokratisch geführte Regierung putschte.
Aber es war doch Friedrich Ebert, langjähriger SPD-Vorsitzender und nun Reichskanzler, der 1922 das „Lied der Deutschen“ zur Nationalhymne machte – werden einige einwenden. Damit habe es demokratische Weihen erhalten, quasi eine Unbedenklichkeitsbescheinigung. Ich aber sehe darin eine nationale Verirrung der SPD, zumindest ihrer Führer. Diese haben den Vorwurf, sie seinen „vaterlandslose Gesellen“ nie souverän zurückgewiesen, sondern häufig genug ihren Patriotismus kompensierend zu beweisen versucht, so auch als sie 1914 die Kriegskredite bewilligten oder nach dem verlorenen Krieg 1918, als sie es abwiesen, die Kriegsschuldfrage an Deutschland zu richten und ihre eigene Politik des Burgfriedens und der Kriegsunterstützung kritisch zu hinterfragen.
Den Nationalsozialisten diente die Nationalhymne dazu, die Deutschen auf den rassischen und imperialistischen Krieg einzustimmen. Sie wurde bei allen staatlichen Machtinszenierungen gesungen. Sie wurde gespielt, als die deutschen Truppen die Länder Europas überfielen – zumindest in der Wochenschau. Sie wurde bei jedem Sieg gespielt und sollte die Wahrheit übertönen, daß jede Schlacht die Vernichtung von Menschen, von Russen oder Polen oder Franzosen und von Deutschen, bedeutete. Dieses überhöhte, aggressive nationale Fühlen und Denken hat im 2. Weltkrieg zu 50 Millionen Toten geführt.
Das Lied ist Teil dieser Geschichte. Selbst das Haydn-Quartett kann nicht mehr unschuldig wie ein anderes Musikstück gehört werden. Es war falsch, dieses historisch so belastete Lied 1952 wieder zur Nationalhymne zu machen. Auch die 3. Strophe kann das Gewicht der Tradition nicht ablösen. Es ist Zeit, sich von dem Lied als Nationalhymne zu trennen.

10.3 Gedichte/Lieder

M 16

Walther von der Vogelweide (ca. 1200)

Ir sult sprechen willekomen!
der iu maere bringet, daz bin ich.
allez, daz ir habt vernomen,
daz is gar ein wint; nû fraget mich!
ich wil aber miete;
wirt mîn lûn iht guot;
ich gesage iu lîhte, daz iu sanfte tuot.
seht, waz man mir êren biete.

Ich wil tiuschen frowen sagen
solhiu maere, daz si deste baz
al der werlte suln behagen;
âne grûze miete tuon ich daz.
waz wold ich ze lûne?
si sint mir ze hêr,
sû bin ich gefüege und bite sie nihtes mêr,
wan daz si mich grüezen schône.

Ich hân lande vil gesehen
unde nam der besten gerne war.
übel müeze mir geschehen,
kunde ich ie mîn herze bringen dar,
daz im wol gevallen
wolde fremeder site.
nû waz hulfe mich, ob ich unrehte strite?
tiuschiu zuht gât vor in allen.

Von der Elbe unz an den Rîn
und her wider unz an Ungerlant
mugen wol die besten sîn,
die ich in der werlte hân erkant.
kan ich rehte schouwen
guot gelâz unt lîp,
sem mir got, so swüere ich wol, daz hie diu wîp
bezzer sint danne ander frouwen.

Tiusche man sint wol gezogen,
rehte als engel sint diu wîp getân.
swer si schildet, derst betrogen;
ich enkan sîn anders niht verstân.
tugent und reine minne,
swer die suochen wil,
der sol komen in unser lant! da ist wünne vil!
lange müeze ich leben dar inne!

Walther von der Vogelweide

Ihr sollt sagen: Willkommen!
Der euch hier Neuigkeiten bringt, das bin ich.
Alles, das ihr bisher gehört habt,
ist ein Nichts; jetzt fragt mich!
Ich will aber Lohn;
und wenn der reichlich ausfällt,
sage ich euch vielleicht Dinge, die euch behagen.
Seht zu, daß man mich ehrenvoll empfängt.

Ich will deutschen Frauen solche Kunde bringen,
daß sie umso mehr
der ganzen Welt gefallen sollen;
das will ich ohne große Belohnung tun.
Was sollte ich als Lohn haben wollen?
Sie sind mir zu hochstehend.
So bescheide ich mich und bitte sie um nichts weiter,
als daß sie mich freundlich grüßen.

Ich habe viele Länder gesehen
und habe mich aufmerksam nach den besten umgeschaut.
Unheil soll über mich kommen,
wenn ich je mein Herz dahin brächte,
daß ihm fremde Sitte gefallen könnte.
Deutsche Zucht übertrifft alles andere.

Von der Elbe bis zum Rhein
und wieder zurück bis an Ungarn heran
mögen wohl die besten sein,
die ich auf der Welt gesehen habe.
Wenn ich gute Eigenschaften und äußere Erscheinung
richtig beurteilen kann,
nun, bei Gott, so schwöre ich wohl, daß hier die Frauen
besser sind als anderswo.

Deutsche Männer sind wohl erzogen,
ganz wie Engel sind die Frauen geschaffen.
Wer sie herabsetzt, ist verblendet.
Anders könnte ich ihn nicht verstehen.
Tugend und reine Minne,
wer die suchen will,
der soll in unser Land kommen! Da gibt es Freuden viel.
Hoffentlich ist es mir vergönnt, noch lange in ihm zu leben!

M 17

Friedrich Schiller:
An die Freude (1785)

Freude, schöner Götterfunken,
Tochter aus Elysium,
Wir betreten feuertrunken,
Himmlische, dein Heiligtum.
Deine Zauber binden wieder,
was die Mode streng geteilt:
Alle Menschen werden Brüder,
Wo dein sanfter Flügel weilt.

Chor

Seid umschlungen, Millionen!
Diesen Kuß der ganzen Welt!
Brüder – überm Sternenzelt
Muß ein lieber Vater wohnen.

Wem der große Wurf gelungen,
Eines Freundes Freund zu sein,
Wer ein holdes Weib errungen,
Mische seinen Jubel ein!
Ja, wer auch nur e i n e Seele
S e i n nennt auf dem Erdenrund!
Und wer's nie gekonnt, der stehle
Weinend sich aus diesem Bund!

Chor

Was den großen Ring bewohnet,
Huldige der Sympathie!
Zu den Sternen leitet sie,
Wo der Unbekannte thronet.

M 18

Heil dir im Siegerkranz (1793)

Heil dir im Siegerkranz,
Herrscher des Vaterlands!
Heil, Kaiser, dir!
Fühl in des Thrones Glanz
Die hohe Wonne ganz:
Liebling des Volks zu sein!
Heil, Kaiser, dir!

Nicht Roß und Reisige
Sichern die steile Höh,
Wo Fürsten stehn:
Liebe des Vaterlands,
Liebe des freien Manns
Gründet des Herrschers Thron
Wie Fels im Meer.

Heilige Flamme, glüh,
Glüh und erlösche nie
Fürs Vaterland!
Wir alle stehen dann
Mutig für einen Mann,
Kämpfen und bluten gern
Für Thron und Reich!

Handlung und Wissenschaft
Hebe mit Mut und Kraft
Ihr Haupt empor!
Krieger- und Heldenthat
Finde ihr Lorbeerblatt
Treu aufgehoben
Dort an deinem Thron!

Sei, Kaiser Wilhelm, hier
Lang deines Volkes Zier,
Der Menschheit Stolz!
Fühl in des Thrones Glanz
Die hohe Wonne ganz:
Liebling des Volks zu sein!
Heil, Kaiser, dir!

Text von **Balthasar Gerhard Schumacher**
nach einer Dichtung von **Heinrich Harries**

M 19

Lorenz Leopold Haschka:
Erster Text für Haydns „Volkslied" (Kaiserhymne) 1796

Gott! erhalte Franz den Kaiser,
Unsern guten Kaiser Franz!
Lange lebe Franz der Kaiser
In des Glückes hellstem Glanz!
Ihm erblühen Lorbeer-Reiser
Wo er geht, zum Ehren-Kranz!
Gott! erhalte Franz den Kaiser
Unsern guten Kaiser Franz!

Laß von seiner Fahnen Spitzen
Strahlen Sieg und Fruchtbarkeit!
Laß in seinem Rathe sitzen
Weisheit, Klugheit, Redlichkeit;
Und mit seiner Hoheit Blitzen
Schalten nur Gerechtigkeit!
Gott! erhalte Franz den Kaiser
Unsern guten Kaiser Franz!

Ströme Deiner Gaben Fülle
Über Ihn, Sein Haus und Reich!
Brich der Bosheit Macht; enthülle
Jeden Schelm- und Bubenstreich!
Dein Gesetz sey stets Sein Wille;
Dieser uns Gesetzen gleich!
Gott! erhalte Franz den Kaiser
Unsern guten Kaiser Franz!

Froh erleb' Er seiner Lande,
Seiner Völker höchsten Flor'!
Seh' sie, Eins durch Bruder-Bande,
Ragen allen andern vor;
Und vernehme noch am Rande
Später Gruft der Enkel Chor:
Gott! erhalte Franz den Kaiser
Unsern guten Kaiser Franz!

Offizielle österreichische Hymne bis 1918

M 20

Heinrich Joseph von Collin
Östreich über alles (1809)

Wenn es nur will,
ist immer Östreich über Alles!
Wehrmänner ruft nun frohen Schalles:
Es will, es will!
Hoch Österreich!
Weil es nur will,
Seid stolz und sicher, Östreichs Bürger,
Ha was vermag der fremde Würger
Wenn Östreich will?
Hoch Österreich!

M 21

Ernst Moritz Arndt:
Des Deutschen Vaterland (1813)

Was ist des Deutschen Vaterland?
Ist's Preußenland? Ist's Schwabenland?
Ist's, wo am Rhein die Rebe blüht?
Ist's, wo am Belt die Möwe zieht?
O nein! nein! nein!
Sein Vaterland muß größer sein.

Was ist des Deutschen Vaterland?
Ist's Pommerland? Westfalenland?
Ist's, wo der Sand der Dünen weht?
Ist's, wo die Donau brausend geht?
O nein! nein! nein!
Sein Vaterland muß größer sein.

Was ist des Deutschen Vaterland?
So nenne mir das große Land!
Ist's Land der Schweizer? ist's Tirol?
Das Land und Volk gefiel' mir wohl;
doch nein! nein! nein!
Sein Vaterland muß größer sein.

Was ist des Deutschen Vaterland?
So nenne mir das große Land!
Gewiß, es ist das Österreich,
an Ehren und an Siegen reich?
O nein! nein! nein!
Sein Vaterland muß größer sein.

Was ist des Deutschen Vaterland?
So nenne mir das große Land!
So weit die deutsche Zunge klingt
und Gott im Himmel Lieder singt,
das soll es sein!
Das, wackrer Deutscher, nenne dein!

Das ganze Deutschland soll es sein!
O Gott vom Himmel, sieh darein!
Und gib uns rechten deutschen Mut,
daß wir es lieben treu und gut.
Das soll es sein!
Das ganze Deutschland soll es sein!

M 22

Hans Ferdinand Maßmann:
Ich hab mich ergeben (ca. 1820)

Ich hab mich ergeben
mit Herz und mit Hand
dir Land voll Lieb und Leben,
mein deutsches Vaterland.

Mein Herz ist entglommen,
dir treu zugewandt,
du Land der Frei'n und Frommen,
du herrlich Hermannsland!

Will halten und glauben
an Gott fromm und frei;
will, Vaterland, dir bleiben
auf ewig fest und treu.

Ach Gott, tu erheben
mein jung Herzensblut
zu frischem, freudgem Leben,
zu freiem, frommem Mut!

Laß Kraft mich erwerben
in Herz und in Hand,
zu leben und zu sterben
für's heilge Vaterland!

M 23

Wilhelm von Zuccalmaglio:
Kein schöner Land (ca. 1840)

Kein schöner Land in dieser Zeit
als hier das uns're weit und breit,
wo wir uns finden
wohl unter Linden
zur Abendzeit.

Da haben wir so manche Stund'
gesessen da in froher Rund'
und taten singen;
die Lieder klingen
im Eichengrund.

Daß wir uns hier in diesem Tal
noch treffen so viel hundertmal.
Gott mag es schenken,
Gott mag es lenken,
er hat die Gnad'.

Nun, Brüder, eine gute Nacht,
der Herr im hohen Himmel wacht.
In seiner Güten
uns zu behüten
ist er bedacht.

M 24

Nikolaus Becker:
Sie sollen ihn nicht haben (1840)

Sie sollen ihn nicht haben,
den freien deutschen Rhein,
ob sie wie gier'ge Raben
sich heiser darnach schrein.

Solang er ruhig wallend
sein grünes Kleid noch trägt,
solang ein Ruder schallend
in seine Wogen schlägt!

Sie sollen ihn nicht haben,
den freien deutschen Rhein,
solang sich Herzen laben
an seinem Feuerwein,

solang in seinem Strome
noch fest die Felsen stehn,
solang sich hohe Dome
in seinem Spiegel sehn!

Sie sollen ihn nicht haben,
den freien deutschen Rhein,
bis seine Flut begraben
des letzten Manns Gebein.

M 25

Max Schneckenburger:
Die Wacht am Rhein (1840)

Es braust ein Ruf wie Donnerhall,
Wie Schwertgeklirr und Wogenprall:
Zum Rhein, zum Rhein, zum deutschen Rhein!
Wer will des Stromes Hüter sein?
Lieb' Vaterland, magst ruhig sein,
Fest steht und treu die Wacht am Rhein!

Durch Hunderttausend zuckt es schnell,
Und aller Augen blitzen hell;
Der deutsche Jüngling, fromm und stark,
Beschirmt die heil'ge Landesmark.
Lieb' Vaterland, magst ruhig sein,
Fest steht und treu die Wacht am Rhein!

Er blickt hinauf in Himmelsau'n,
Wo Heldengeister niederschaun,
Und schwört mit stolzer Kampfeslust:
„Du, Rhein, bleibst deutsch wie meine Brust!"
Lieb' Vaterland, magst ruhig sein,
Fest steht und treu die Wacht am Rhein!

„Und ob mein Herz im Tode bricht,
Wirst du doch drum ein Welscher nicht:
Reich, wie an Wasser deine Flut,
Ist Deutschland ja an Heldenblut."
Lieb' Vaterland, magst ruhig sein,
Fest steht und treu die Wacht am Rhein!

„Solang ein Tropfen Blut noch glüht,
Noch eine Faust den Degen zieht
Und noch ein Arm die Büchse spannt,
Betritt kein Welscher deinen Strand."
Lieb' Vaterland, magst ruhig sein,
Fest steht und treu die Wacht am Rhein!

Der Schwur erschallt, die Woge rinnt,
Die Fahnen flattern hoch im Wind:
Zum Rhein, zum Rhein, zum deutschen Rhein!
Wir alle wollen Hüter sein!
Lieb' Vaterland, magst ruhig sein,
Fest steht und treu die Wacht am Rhein!

M 26

August Heinrich Hoffmann von Fallersleben: Das Lied der Deutschen (1841)

Deutschland, Deutschland über alles:
über alles in der Welt,
wenn es stets zum Schutz und Trutze
brüderlich zusammenhält,
von der Maas bis an die Memel,
von der Etsch bis an den Belt –
Deutschland, Deutschland über alles,
über alles in der Welt!

Deutsche Frauen, deutsche Treue,
deutscher Wein und deutscher Sang
sollen in der Welt behalten
ihren alten schönen Klang,
uns zu edler Tat begeistern
unser ganzes Leben lang –
deutsche Frauen, deutsche Treue,
deutscher Wein und deutscher Sang!

Einigkeit und Recht und Freiheit
für das deutsche Vaterland!
Danach laßt uns alle streben
brüderlich mit Herz und Hand!
Einigkeit und Recht und Freiheit
sind des Glückes Unterpfand –
blüh im Glanze dieses Glückes,
blühe, deutsches Vaterland!

M 27

Friedrich Hebbel:

Eine Reiseabenteuer in Deutschland (1842)

Es flog in X. mein Hut mir ab,
natürlich über die Grenze,
und als ich ihn wiederzuholen lief,
da gab's vertrackte Tänze.

Ich durfte den deutschen Nachbarstaat
nicht ohne Paß betreten,
und da ich bloß spazieren ging,
so hatt' ich mir keinen erbeten.

Das tat ich nun; auch wurde ich
in Gnaden damit versehen,
doch war's um meinen armen Hut
trotz alledem geschehen.

Der war schon längst im dritten Staat
und blieb auch dort nicht liegen,
ihn ließ der schadenfrohe Wind
ein Dutzend noch durchfliegen.

Was half mir nun der gute Paß,
den ich in X. genommen?
Zehn neue braucht' ich an einem Tag,
da war nicht nachzukommen.

M 28

Ferdinand Freiligrath:
Schwarz-Rot-Gold (ca. 1848)

In Kümmernis und Dunkelheit,
da mußten wir sie bergen!
Nun haben wir sie doch befreit,
befreit aus ihren Särgen!
Hurra, du Schwarz, du Rot, du Gold!
        Pulver ist schwarz,
        Blut ist rot,
        golden flackert die Flamme!

Das ist das alte Reichspanier,
das sind die alten Farben!
Darunter haun und holen wir
uns bald wohl junge Narben!
Denn erst der Anfang ist gemacht,
noch steht bevor die letzte Schlacht!
        Pulver ist schwarz,
        Blut ist rot,
        golden flackert die Flamme!

Das ist noch lange die Freiheit nicht,
sein Recht als Gnade nehmen
von Buben, die zu Recht und Pflicht
aus Furcht sich nur bequemen!
Auch nicht, daß, die ihr gründlich haßt,
Ihr dennoch auf den Thronen laßt!
        Pulver ist schwarz,
        Blut ist rot,
        golden flackert die Flamme!

M 29

Eugène Pottier:
Die Internationale (1871)

Wacht auf, Verdammte dieser Erde,
Die stets man noch zum Hungern zwingt!
Das Recht, wie Glut im Kraterherde,
Nun mit Macht zum Durchbruch dringt.
Reinen Tisch macht mit den Bedrängern!
Heer der Sklaven, wache auf!
Ein Nichts zu sein, tragt es nicht länger,
Alles zu werden, strömt zuhauf!

Völker, hört die Signale!
Auf, zum letzten Gefecht!
Die Internationale
Erkämpft das Menschenrecht!

Es rettet uns kein höh'res Wesen,
Kein Gott, kein Kaiser, noch Tribun.
Uns aus dem Elend zu erlösen,
Können wir nur selber tun!
Leeres Wort: des Armen Rechte!
Leeres Wort: des Reichen Pflicht!
Unmündig nennt man uns und Knechte,
Ertragt die Schmach nun länger nicht!

In Stadt und Land, ihr Arbeitsleute,
Wir sind die stärkste der Partei'n.
Die Müßiggänger schiebt beiseite!
Diese Welt muß unser sein;
Unser Blut sei nicht mehr der Raben
Und der mächt'gen Geier Fraß!
Erst wenn wir sie vertrieben haben,
Dann scheint die Sonn' ohn' Unterlaß!

M 30

Leonid P. Radin
Brüder, zur Sonne, zur Freiheit (1897), deutsch von Hermann Scherchen

Brüder, zur Sonne, zur Freiheit!
Brüder, zum Lichte empor!
Hell aus dem dunk'len Vergang'nen
leuchtet die Zukunft hervor!

Seht, wie der Zug von Millionen
endlos aus Nächtigem quillt,
bis euer Sehnsucht Verlangen
Himmel und Nacht überschwillt.

Brüder, in eins nun die Hände,
Brüder, das Sterben verlacht!
Ewig der Sklav'rei ein Ende,
heilig die letzte Schlacht!

M 31

Hermann Claudius:
Wann wir schreiten Seit' an Seit' (1915)

Wann wir schreiten Seit' an Seit'
Und die alten Lieder singen,
Und die Wälder widerklingen,
Fühlen wir, es muß gelingen:
Mit uns zieht die neue Zeit.

Einer Woche Hammerschlag,
Einer Woche Häuserquadern
Zittern noch in unsern Adern.
Aber keiner wagt zu hadern:
Herrlich lacht der Sonnentag.

Birkengrün und Saatengrün:
Wie mit bittender Gebärde
Hält die alte Mutter Erde,
Daß der Mensch ihr eigen werde,
Ihm die vollen Hände hin.

Wort und Lied und Blick und Schritt,
Wie in uralt-ew'gen Tagen
Wollen sie zusammenschlagen.
Ihre starken Arme tragen
Unsre Seelen fröhlich mit.

Mann und Weib und Weib und Mann
Sind nicht Wasser mehr und Feuer.
Um die Leiber legt ein neuer
Frieden sich. Wir blicken freier,
Mann und Weib, uns freier an.

Wann wir schreiten Seit' an Seit'
Und die alten Lieder singen,
Und die Wälder widerklingen,
Fühlen wir, es muß gelingen:
Mit uns zieht die neue Zeit.

M 32

Erich Kästner:

Kennst du das Land, wo die Kanonen blühn? (1928)

Kennst du das Land, wo die Kanonen blühn?
Du kennst es nicht? Du wirst es kennenlernen!
Dort stehn die Prokuristen stolz und kühn
in den Bureaus, als wären es Kasernen.

Dort wachsen unterm Schlips Gefreitenknöpfe.
Und unsichtbare Helme trägt man dort.
Gesichter hat man dort, doch keine Köpfe.
Und wer zu Bett geht, pflanzt sich auch schon fort!

Wenn dort ein Vorgesetzter etwas will
– und es ist sein Beruf, etwas zu wollen –
steht der Verstand erst stramm und zweitens still.
Die Augen rechts! Und mit dem Rückgrat rollen!

Die Kinder kommen dort mit kleinen Sporen
und mit gezognem Scheitel auf die Welt.
Dort wird man nicht als Zivilist geboren.
Dort wird befördert, wer die Schnauze hält.

Kennst du das Land? Es könnte glücklich sein.
Es könnte glücklich sein und glücklich machen!
Dort gibt es Äcker, Stahl und Stein
und Fleiß und Kraft und andre schöne Sachen.

Selbst Geist und Güte gibt's dort dann und wann!
Und wahres Heldentum. Doch nicht bei vielen.
Dort steckt ein Kind in jedem zweiten Mann.
Das will mit Bleisoldaten spielen.

Dort reift die Freiheit nicht. Dort bleibt sie grün.
Was man auch baut – es werden stets Kasernen.
Kennst du das Land, wo die Kanonen blühn?
Du kennst es nicht? Du wirst es kennenlernen!

Aus: Gesammelte Schriften für Erwachsene, Atrium Verlag,
Zürich 1969.

M 33

Johannes R. Becher:
Auferstanden aus Ruinen (1942/49)

Auferstanden aus Ruinen
und der Zukunft zugewandt,
laß uns dir zum Guten dienen,
Deutschland, einig Vaterland.
Alte Not gilt es zu zwingen,
und wir zwingen sie vereint,
denn es muß uns doch gelingen,
daß die Sonne, schön wie nie,
über Deutschland scheint.

Glück und Friede sei beschieden
Deutschland, unserm Vaterland.
Alle Welt sehnt sich nach Frieden,
reicht den Völkern eure Hand.
Wenn wir brüderlich uns einen,
schlagen wir des Volkes Feind.
Laßt das Licht des Friedens scheinen,
daß nie eine Mutter mehr
ihren Sohn beweint.

Laßt uns pflügen, laßt uns bauen,
lernt und schafft wie nie zuvor,
und der eignen Kraft vertrauend
steigt ein frei Geschlecht empor.
Deutsche Jugend, bestes Streben
unsres Volks in dir vereint,
wirst du Deutschlands neues Leben,
und die Sonne, schön wie nie,
über Deutschland scheint.

Nationalhymne
der Deutschen Demokratischen Republik

M 34

Rudolf Alexander Schröder:
Hymne an Deutschland (1949/50)

Land des Glaubens, deutsches Land,
Land der Väter und der Erben
Uns im Leben und im Sterben
Haus und Herberg, Trost und Pfand,
Sei den Toten zum Gedächtnis,
Den Lebend'gen zum Vermächtnis
Freudig vor der Welt bekannt,
Land des Glaubens, deutsches Land.

Land der Hoffnung, Heimatland,
Ob die Wetter, ob die Wogen
Über dich hinweggezogen,
Ob die Feuer dich verbrannt,
Du hast Hände, die da bauen,
Du hast Herzen, die vertrauen,
Lieb und Treue halten stand,
Land der Hoffnung, Heimatland.

Land der Liebe, Vaterland,
Heil'ger Grund, auf den sich gründet,
Was in Lieb und Leid verbündet
Herz mit Herzen, Hand mit Hand.
Frei, wie wir dir angehören,
Schling um uns dein Friedensband
Land der Liebe, Vaterland.

Aus: Gesammelte Werke, Bd. 1.

M 35

Bertolt Brecht:
Kinderhymne (1950)

Anmut sparet nicht noch Mühe
Leidenschaft nicht noch Verstand
Daß ein gutes Deutschland blühe
Wie ein andres gutes Land.

Daß die Völker nicht erbleichen
Wie vor einer Räuberin
Sondern ihre Hände reichen
Uns wie andern Völkern hin.

Und nicht über und nicht unter
Andern Völkern wolln wir sein
Von der See bis zu den Alpen
Von der Oder bis zum Rhein.

Und weil wir dies Land verbessern
Lieben und beschirmen wir's.
Und das Liebste mag's uns scheinen
So wie andern Völkern ihrs.

Aus: Gesammelte Werke.

M 36

Walter Krumbach:
Wir grüßen unsre Republik (ca. 1960)

Wir grüßen unsre Republik,
die uns so viel gegeben,
wo wir in Frieden und in Glück
geschützt und fröhlich leben.

Wir wissen: Unser Land ist reich
durch Fleiß und große Taten,
und seinen Menschen, frei und gleich,
muß alles wohlgeraten.

Die Republik hilft dir und mir,
wir lernen ohne Sorgen.
Mit Hirn und Händen schaffen wir
ein strahlend schönes Morgen.

Wir grüßen unsern Friedensstaat
der Arbeiter und Bauern.
Ihm unser Herz und unsre Tat,
und lange soll er dauern!

Er schuf sich Freunde in der Welt,
die ihm zur Seite stehen.
Wer selber treue Freundschaft hält,
wird niemals untergehen.

Wir lieben unsre Republik,
die alles uns gegeben.
Blüh auf in Frieden und in Glück,
du Land, darin wir leben!

Dieses Gedicht war in den letzten Jahren nicht mehr in den Schullesebüchern der DDR enthalten.

10.4 Die Nationalhymnen der vier Siegermächte

Wer sich mit der deutschen Nationalhymne oder – erstmals seit der Teilung Deutschlands – mit den deutschen Nationalhymnen beschäftigt, sollte auch einen Blick über den nationalen Zaun werfen und sich einige andere Hymnen ansehen bzw. anhören. Er wird dabei Gemeinsamkeiten und Unterschiede erkennen. Nicht vermitteln läßt sich allerdings die emotionale Kraft der Hymnen für die jeweilige Bevölkerung. Wir haben uns hier auf die Hymnen Frankreichs, Großbritanniens, der USA und der UdSSR beschränkt. Zu jeder Hymne geben wir einige kurze Erläuterungen.

M 37
Die Nationalhymne Frankreichs

Der französische Hauptmann Claude-Joseph Rouget de Lisle dichtete und komponierte diese Hymne am 24./25. April 1792 in Straßburg. Er nannte sein Lied „Kriegslied der französischen Rheinarmee“. Ihren Namen „Marseillaise“ erhielt die Hymne noch im selben Jahr, weil sie von Soldaten aus Marseille auf ihrem Weg nach Paris gesungen wurde. Viele Franzosen waren von diesem Kampflied der Marseiller so begeistert, daß es am 15. Juli 1795 durch den Nationalkonvent offiziell zur französischen Nationalhymne proklamiert wurde.

Claude-Joseph Rouget de Lisle:
Marseillaise (1792)

Allons enfants de la patrie!
Le jour de gloire est arrivé.
Contre nous de la tyrannie
L'étendard sanglant est levé.
Entendez-vous dans les campagnes
Mugir ces féroces soldats?
Ils viennent jusque dans vos bras,
Egorger vos fils, vos compagnes!
Aux armes citoyens!
Formez vos bataillons,
Marchons, marchons!
Qu'un sang impur
Abreuve nos sillons!

Auf, Kinder des Vaterlandes!
Der Tag des Ruhms ist da.
Gegen uns wurde der Tyrannei
Blutiges Banner erhoben.
Hört ihr im Land
Das Brüllen der grausamen Krieger?
Sie rücken uns auf den Leib,
Eure Söhne, eure Frauen zu köpfen.
Zu den Waffen, Bürger!
Schließt eure Reihen,
Marschieren wir!
Das unreine Blut
tränke unserer Äcker Furchen!

M 38

Die Nationalhymne Großbritanniens

Die englische Nationalhymne ist schon so alt, daß nicht eindeutig beweisbar ist, wer sie gedichtet hat. Als wahrscheinliche Verfasser werden John Bull (1563–1628) und Henry Carey (1687–1743) genannt. Seit 1745 ist die Hymne im heutigen Wortlaut bekannt, seit Anfang des 19. Jahrhunderts gilt „God save the King (Queen)" als Nationalhymne. Bei offiziellen Anlässen wird nur die erste Strophe gesungen. – Nach der Melodie der englischen Nationalhymne wurde auch die deutsche Kaiserhymne (1871 bis 1918 auch deutsche Nationalhymne) gesungen.

Anonymer Dichter:
Nationalhymne Großbritanniens (17. Jahrhundert)

God save our gracious Queen,
Long live our noble Queen,
God save the Queen.
Send her victorious,
Happy and glorious,
Long to reign over us,
God save the Queen.

Gott, schütze unsere gnädige Königin,
lang lebe unsere edle Königin,
Gott, schütze die Königin.
Verleih ihr Siege,
Glück und Ruhm,
laß sie uns lang regieren,
Gott, schütze die Königin.

In der Regel wird nur die 1. Strophe gesungen.

M 39

Die Nationalhymne der Vereinigten Staaten von Amerika

Das Lied „Star-Spangled Banner" wurde am 14. September 1814 von Francis Scott Key während des englisch-amerikanischen Krieges gedichtet. Als Melodie wurde die des englischen Liedes „To Anacreon in Heaven" übernommen. Der amerikanische Präsident Thomas Woodrow Wilson erklärte Text und Melodie 1916 zur Nationalhymne der USA. Der Kongreß bestätigte 1931 diesen Beschluß.

Francis Scott Key:
Star-Spangled Banner (1814)

O, say, can you see, by the dawn's early light,
What so proudly we hailed at the twilight's last gleaming?
Whose broad stripes and bright stars, thro' the perilous fight,
O'er the ramparts we watch'd, were so gallantly streaming?
And the rocket's red glare, the bombs bursting in air,
Gave proof thro' the night that our flag was still here.
    O, say, does the star-spangled banner yet wave
    O'er the land of the free and the home of the brave?

O sagt, könnt ihr beim ersten Morgenlicht sehn,
was stolz wir gegrüßt bei der letzten Abenddämmerung?
Wessen breite Streifen und helle Sterne, die bei gefährlichem
Kampfe überm Wall, den wir hielten, wehten so erhaben?
Und die roten Blitze der Granaten, das Krachen der Bomben
zeigten uns in der Nacht, daß unsere Fahne noch hier stand.
    O sagt, weht das Sternenbanner noch immer
    über dem Land der Freien und der Heimat der Tapferen?

M 40
Die Nationalhymne der UdSSR

Die sowjetische Nationalhymne wurde von S. W. Michalkow und Elj-Registan gedichtet und von A. W. Alexandrow komponiert. Ende 1943 bestimmte der Rat der Volkskommissare (Ministerrat) dieses Lied zur offiziellen Hymne der UdSSR. Bis dahin galt die Internationale [M 28] als sowjetische Nationalhymne.

Sergeij Michalkow und G. Elj-Registan:
Nationalhymne der UdSSR

Sojus neruschimy respublik swobodnych
Splotila naweki Welikaja Rus.
Da sdrawstwujet sosdanny wolej narodow
Jediny, mogutschi Sowjetski Sojus!

(Refrain:)
Slawsja, Otetschestwo nasche swobodnoje,
Druschby narodow nadjoschny oplot!
Partija Lenina – sila narodnaja
Nas k torschestwu kommunisma wedjot!

Ein unverbrüchlicher Bund freier Republiken
ist um das große Rußland entstanden.
Es lebe die durch der Völker Willen ins
Leben gerufene einige und mächtige Sowjetunion!

(Refrain:)
Sei ruhmreich, oh unser freies Vaterland!
Du bist ein Bollwerk der Völkerfreundschaft.
Die Partei Lenins – eine Völkerkraft –
führt uns zum Sieg des Kommunismus!

10.5 Texte zur Nationalhymne und zur Nation

M 41

Kurt Tucholsky: Heimat (1929)

„... und nun wollen wir auch einmal Ja sagen. – : zu der Landschaft und zu dem Land Deutschland.

Dem Land, in dem wir geboren sind und dessen Sprache wir sprechen.

Der Staat schere sich fort, wenn wir unsere Heimat lieben. Warum gerade sie – warum nicht eins von den andern Ländern –? Es gibt so schöne.

Ja, aber unser Herz spricht dort nicht. Und wenn es spricht, dann in einer anderen Sprache – wir sagen ‚Sie' zum Boden; wir bewundern ihn, wir schätzen ihn – aber es ist nicht das.

Es besteht kein Grund, vor jedem Fleck Deutschlands in die Knie zu sinken und zu lügen: wie schön! Aber es ist da etwas allen Gegenden Gemeinsames – und für jeden von uns ist es anders. Dem einen geht das Herz auf in den Bergen, wo Feld und Wiese in die kleinen Straßen sehen, am Rand der Gebirgsseen, wo es nach Wasser und Holz und Felsen riecht, und wo man einsam sein kann; wenn da einer seine Heimat hat, dann hört er dort ihr Herz klopfen. Das ist in schlechten Büchern, in noch dümmeren Versen und in Filmen schon so verfälscht, daß man sich beinahe schämt, zu sagen: man liebe seine Heimat. Wer aber weiß, was die Musik der Berge ist, wer die tönen hören kann, wer den Rhythmus einer Landschaft spürt... nein, wer gar nichts andres spürt, als daß er zu Hause ist; daß das da sein Land ist, sein Berg, sein See – auch wenn er nicht einen Fuß des Bodens besitzt... es gibt ein Gefühl jenseits aller Politik, und aus diesem Gefühl heraus lieben wir dieses Land... Wir lieben es trotz der schrecklichen Fehler in der verlogenen und anachronistischen Architektur, um die man einen weiten Bogen schlagen muß; wir versuchen, an solchen Monstrositäten vorbeizusehen; wir lieben das Land, obgleich in den Wäldern und auf den öffentlichen Plätzen manch Konditortortenbild eines Ferschten dräut – laß ihn dräuen, denken wir und wandern fort über die Wege der Heide, die schön ist, trotz alledem...

Aus Scherz hat dieses Buch den Titel ‚Deutschland über alles' bekommen, jenen törichten Vers eines großmäuligen Gedichts. Nein, Deutschland steht nicht über allem und ist nicht über allem – niemals. Aber mit allen soll es sein, unser Land. Und hier stehe das Bekenntnis, in das dieses Buch münden soll:

Ja, wir lieben dieses Land.

Und nun will ich euch mal etwas sagen:

Es ist ja nicht wahr, daß jene, die sich ‚national' nennen und nichts sind als bürgerlich-militaristisch, dieses Land und seine Sprache für sich gepachtet haben. Weder der Regierungsvertreter im Gehrock, noch der Oberstudienrat, noch die Herren und Damen des Stahlhelms allein sind Deutschland. Wir sind auch noch da.

Sie reißen den Mund auf und rufen: ‚Im Namen Deutschlands ...!‘ Sie rufen: ‚Wir lieben dieses Land, nur wir lieben es.‘ Es ist nicht wahr.
Im Patriotismus lassen wir uns von jedem übertreffen – wir fühlen international. In der Heimatliebe von niemand – nicht einmal von jenen, auf deren Namen das Land grundbuchlich eingetragen ist. Unser ist es.
Und so widerwärtig mir jene sind, die – umgekehrte Nationalisten – nun überhaupt nichts mehr Gutes an diesem Land lassen, kein gutes Haar, keinen Wald, keinen Himmel, keine Welle – so scharf verwahren wir uns dagegen, nun etwa ins Vaterländische umzufallen. Wir pfeifen auf die Fahnen – aber wir lieben dieses Land. Und so wie die nationalen Verbände über die Wege trommeln – mit dem gleichen Recht, mit genau demselben Recht nehmen wir, wir, die wir hier geboren sind, wir, die wir besser deutsch schreiben und sprechen als die Mehrzahl der nationalen Esel – mit genau demselben Recht nehmen wir Fluß und Wald in Beschlag, Strand und Haus, Lichtung und Wiese: es ist unser Land. Wir haben das Recht, Deutschland zu hassen – weil wir es lieben. Man hat uns zu berücksichtigen, wenn man von Deutschland spricht, uns: Kommunisten, junge Sozialisten, Pazifisten, Freiheitsliebende aller Grade; man hat uns mitzudenken, wenn ‚Deutschland‘ gedacht wird... wie einfach, so zu tun, als bestehe Deutschland nur aus den nationalen Verbänden. Deutschland ist ein gespaltenes Land. Ein Teil von ihm sind wir.
Und in allen Gegensätzen steht – unerschütterlich, ohne Fahne, ohne Leierkasten, ohne Sentimentalität und ohne gezücktes Schwert – die stille Liebe zu unserer Heimat.“[7]

M 42

Ricarda Huch: Nationalgefühl? (1947)

„Es ist mir ein Bedüfnis, meine Freude darüber auszusprechen, daß Schriftsteller sich aus allen Zonen zahlreich eingefunden haben. Das gibt das Gefühl, in Deutschland zu sein, nicht nur in einem Teil, sondern im ganzen, einigen Deutschland. Die Dichter und Schriftsteller haben eine besondere Beziehung zur Einheit, nämlich durch die Sprache...
Wenn ich Wünsche äußern darf, so bezieht sich einer auf das Nationalgefühl, von dem in letzter Zeit oft gesprochen und geschrieben wurde.
Man hat den Deutschen ein zu starkes Nationalgefühl vorgeworfen: ich möchte eher sagen, wir hätten ein zu schwaches oder besser ein teils zu schwaches, teils zu starkes. Das hängt, wie ich glaube, mit dem historischen Erbe zusammen, das uns zuteil geworden ist. In den Anfängen unserer Geschichte übernahmen die Deutschen vereint mit den Italieniern den römischen Weltreichsgedanken und waren demzufolge universal und partikularistisch eingestellt; Universalismus und Partikularismus pflegen zusammenzugehen. Das Einheitsgefühl war schwach...

Als dann endlich, von Preußen unterbaut, ein deutscher Einheitsstaat mit entsprechendem Nationalgefühl entstand, waren die Deutschen voll Glück und Stolz, daß sie nun auch das besaßen, was die anderen schon lange hatten, und äußerten ihren Stolz wohl etwas prahlerisch...
Es gab auch Deutsche, die dem so stark betonten Nationalgefühl gegenüber zurückhaltend waren, zum Teil, weil sie es nicht mitempfanden, zum Teil, weil sie den lauten Patriotismus geschmacklos fanden. Es blieb etwas Unorganisches; auf der einen Seite die Neigung, fremde Nationen schwärmerisch zu bewundern und die eigene herabzusetzen und zu bemäkeln, auf der anderen im Gegensatz dazu ein heftig hervorbrechendes, herausforderndes Nationalgefühl. Hier wäre eine Besserung wünschenswert. Allerdings ist es außerordentlich schwer, etwas zu lernen oder beizubringen, was naiv sein soll, was eigentlich seine Berechtigung daraus zieht, daß es natürlich und selbstverständlich ist..."[8]

M 43
Friedrich C. Sell: Weltherrschaft (1953)
„Hoffmann von Fallersleben war gewiß ein Liberaler, ein Demokrat, ein Republikaner, begeistert für Recht und Freiheit, bereit für seine Überzeugung einzustehen...
Sein Lied aber fordert nicht nur ein Gebiet außerhalb der Grenzen Deutschlands, sondern erklärt klipp und klar: Deutschland ist der ganzen Welt überlegen, wenn es in Verteidigung und Angriff zusammensteht. Es ist der Traum der Weltherrschaft, der hier aufsteigt wie bei dem Turnvater Jahn...
In Hoffmanns und Herweghs Liedern ist die Grenze zwischen Patriotismus und Nationalismus verwischt. Sie fühlten, daß den Deutschen allein ihr Recht noch nicht geworden sei, und dies zum Komplex gesteigerte Gefühl suchte Kompensation in Angriffen auf eingebildete Gegner, deren Macht und sicherer Reichtum irritierend wirkten. Es wurde genährt durch die Unzufriedenheit mit der staatlichen Organisation der damaligen Zeit."[9]

M 44
Otto Benecke: Langemarck-Legende (1955)
„Mehrere Zeitungen und Zeitschriften gedachten der Wochen, als vor vierzig Jahren kriegsfreiwillige Regimenter gegen englisch-belgische Übermacht am Yser-Kanal anstürmten und ‚unter dem Gesang des Deutschlandliedes in die feindlichen Linien einbrachen.'
Ich wurde im August 1914 Kriegsfreiwilliger bei dem Reserveregiment 208, das zu jenem Armeekorps gehörte. Nach kurzer Ausbildung durch Reserve- und Landwehroffiziere und -Unteroffiziere wurden wir Mitte Oktober in Flandern ein-

gesetzt. Die Regimenter erhielten den Befehl, den Yser-Kanal zu überschreiten. Die Kanalbrücken waren abgebrochen oder brannten. Die Infanterie-Regimenter griffen an, wie sie es gelernt hatten, obwohl Artillerie und technische Waffen nicht zur Unterstützung bereitstanden. Immer wieder endeten die Angriffe am Yser-Kanal. Immer wieder sammelten sich die Trümmer der angreifenden Truppen in den Farmen und Dörfern des Kanalgebietes, um nach einigen Ruhestunden erneut anzugreifen.
Eines Nachts hatte das erste Bataillon des Regiments, dem ich angehörte, Befehl, den Sturmangriff auf der großen Landstraße Richtung Ypern voranzutragen. Die benachbarten Regimenter und Bataillone konnten auf den Sturzäkkern und Wiesen nicht schnell genug mitkommen. Es herrschte völlige Dunkelheit. Plötzlich fühlten wir, daß wir nicht nur von vorn, sondern auch von seitlich hinten beschossen wurden. Unser Bataillonskommandeur, ein Professor an der Technischen Hochschule in Braunschweig (er und sein Sohn fielen in dieser Nacht), befahl ‚hinwerfen' und – da wir weiter von hinten beschossen wurden – ‚singen'. Da lagen wir nun auf der Landstraße und sangen, was uns einfiel – das Deutschlandlied, Volkslieder, Studentenlieder –, um uns den deutschen Truppen zu erkennen zu geben.
Wie ich höre, ist das auch bei anderen Regimentern geschehen. Als ich einige Tage später verwundet im Kriegslazarett Gent lag, las ich den Heeresbericht von den stürmenden Kriegsfreiwilligen mit dem Deutschlandlied auf den Lippen. Ich reichte die Zeitung meinem Bettnachbarn: ‚Kannst du dir denken, daß man beim Sturmangriff singen kann?'"[10]

M 45

Theodor Heuss zur Frage der Nationalhymne (1960 und 1962)

„Sehr geehrter Herr Busch, Stuttgart-N, 19.9.1960
freundlichen Dank für Ihren Brief, in dem Sie fragten, ob Sie mir eine Studie über die Geschichte und das Schicksal des sogenannten Deutschland-Liedes zusenden dürfen...
Ich selber bin mir dessen völlig bewußt, daß mein Versuch, zu einer neuen Nationalhymne zu kommen, ein völliger Mißerfolg war, und falls ich von den Deutschen endlich in Ruhe gelassen werde, um zur eigenen Niederschrift meines politischen Erlebens und Versuchens zu kommen, wird auch dieses Kapitel behandelt werden müssen. Daß ich den Versuch gemacht habe, habe ich noch keinen Augenblick bereut. Aber über dieses Zwischenspiel selber zu handeln, muß ich mir aus politischen Gründen heute versagen. Das mag einmal, wenn sie sich dafür interessieren, spätere Historiker beschäftigen...

Mit freundlichen Grüßen
Theodor Heuss"[11]

„Sehr geehrter Herr Busch, Stuttgart-N, 4.4.1962

... in der Erwartung, meine Erinnerungen niederschreiben zu können, in der Arbeit muß ja auch der Versuch behandelt werden, den Übergang zu einer neuen Hymne zu finden. Aber ich habe völlig verkannt, wie mein sogenannter Ruhestand durch einen sinnlos großen täglichen Posteingang total verdorben wird. Wenn mir Leben und Gesundheit bleiben, muß diese Sache ja auch einmal aus meiner Schau dargestellt werden... Wenn ich selber dazu komme, die Dinge einmal darzustellen, wird die Beurteilung der Mit- und Gegenspieler gewiß in manchen Stücken einen anderen Charakter haben. Leute, die bei Ihnen gar nicht vorkommen, werden in ihrer Haltung charakterisiert werden müssen.
Die zahllosen Änderungsvorschläge sind von mir grundsätzlich abgelehnt worden,

a) weil ich nicht das Recht einer beliebigen Änderung anerkenne und
b) weil ich für den praktischen Fall einen Wettkampf der stärkeren Stimmen voraussah. Den habe ich auch einmal bei einer großen Kundgebung erlebt, wo der Oberbürgermeister der Stadt, ein ganz netter wiedergewählter alter Nazi, mit den alten Text grölte, ich – ganz brav den dritten Vers sang – und die Sache damit zum guten Ende führte, daß ich mich gleich auf den bereitstehenden Sessel setzte...

Mit freundlichen Empfehlungen
Ihr Theodor Heuss“[12]

M 46

Theodor Eschenburg: Deutsche Staatssymbole (1962)

„Kein anderes Lied mag treffender und eindringlicher Lage und Sehnsucht unseres Staates und Volkes auszudrücken, als gerade diese [gemeint ist die dritte, d. V.] Strophe. Sie bietet zudem keinen Anlaß zur Mißdeutung, zu Streit und Ärger mit fremden Staaten: sie ist ein Ausdruck des nationalen Friedens und kann von jedermann ohne Unbehagen und Bedenken gesungen werden. Die Bundesregierung hätte jedenfalls in edelster Absicht das Deutschlandlied diskriminiert, wenn sie nur die dritte Strophe als Nationalhymne proklamiert hätte. Aber mit ihrer Vorschrift für die staatlichen Veranstaltungen appelliert sie an den politischen Takt und die Disziplin der Bürger (...) Die Symbole der Bundesrepublik sind repräsentative Zeichen deutscher Geschichte. Jedes Zeichen hat durch Umstände oder Ereignisse als Symbol breite Anerkennung gefunden. Zwar vermögen Symbole allein weder Nationalgefühl noch Staatsbewußtsein zu wecken; auch die propagandistische Mobilisierung der Symbole vermag in demokratischen Ländern in diesem Sinne nicht viel auszurichten. Wo aber irrationale Beziehungen sich neu bilden, können aus diesen Beziehungen erwachsene Sinnbilder deren Intensität steigern und sie so veranschaulichen, daß sie haltungsformend und gesinnungsbildend wirken.“[13]

M 47

Ulrich Günther: Diskussion um das Deutschlandlied (1966)

„Mit ihrem Bekenntnis zu diesem Liede als Nationalhymne anerkennt die Bundesrepublik, anders als die Deutsche Demokratische Republik, auch die Vergangenheit als politisches und historisches Faktum, sowohl im Hinblick auf Schuld und Verhängnis des deutschen Reiches vor 1945 als auch im Sinne echter Tradition. So darf das Deutschlandlied als ein guter Kompromiß angesehen werden, das – eher als jedes andere Lied – geeignet erscheint, aufs neue ein verbindendes Symbol zu werden.
Neu gegründete Staaten erweisen sich als unempfindlich bei der Übernahme fremder Nationalhymnen, wie wir das heutzutage in aller Welt dauernd erleben; Völker dagegen mit einer bewußten Tradition und lebendigen Geschichte sind gegenüber jeder Änderung, zumal wenn sie nicht erzwungen wird, überaus empfindlich. So gesehen, wäre das Mißlingen des Heuss'schen Versuchs 1950, eine neue Hymne für die Bundesrepublik zu finden, als ein gutes Zeichen zu werten, sofern man nicht dazu neigt, das rasche Abflauen der öffentlichen Diskussion um die Nationalhymne als politische Lethargie anzusehen."[14]

M 48

Karl Jaspers: Nationalhymne (1967)

„,Deutsche Frauen, deutsche Treue, deutscher Wein und deutscher Sang.' Welche Gemütlichkeit! Kann heute noch ein Deutscher in solcher Ausdrucksweise sprechen, ohne zu lachen? Ist das heute nicht für jeden unverdorbenen Geschmack einfach Kitsch? Und dieser ist Nationalhymne der Bundesrepublik? Doch diese verlogene biedermeierliche Gemütlichkeit hat in sich eine böse Aggressivität im Namen der Macht des Reiches. Zunächst klingt es als stolze Großartigkeit. ,Einigkeit und Recht und Freiheit sind des Deutschen Unterpfand.' Analysieren wir, was darin liegt:
Erstens: Die Reihenfolge, zugleich die Rangordnung des Wesentlichen, ist entscheidend: Einigkeit und Recht und Freiheit. Einigkeit als Einheit Deutschlands an die Spitze gestellt, bedeutet: Zuerst Einheit, das Recht kommt hinterher, und nach dem Recht kommt noch die Freiheit. Während für ein politisches, das heißt republikanisches und demokratisches Denken die Sache umgekehrt liegt: Erst die Freiheit, aus ihr das Recht und dann schließlich die Einheit. Die falsche Reihenfolge in der Hymne hat die Grundgesinnung ausgesprochen.
Zweitens: Wenn die Einheit, statt unter Bedingungen gestellt zu sein, zum Absoluten wird, so ist die Folge: Die Einheit der Macht hat unter allen Umständen den Vorrang. Auf Freiheit muß im Konfliktsfall verzichtet werden. Das heißt praktisch: Der Freiheit des Bürgers wird die Kontrolle der Staatsführung entzogen. Es ist nicht mehr sein Staat. Das muß er in Kauf nehmen. Die republikanische Staatsgesinnung dagegen fordert die Freiheit als das Erste in der politischen

Welt. Die Einheit der Macht ist als solche noch keineswegs legitimiert. Sie hat ihre Legitimität erst durch die Freiheit, die sie zu verwirklichen vermag. Die Freiheit aber ist legitim durch den Gehalt, von dem sie ihre Macht zu Lehen trägt."[15]

M 49

Helmut Thielicke: Brauchen wir Leitbilder? (1967)

„Wenn ein Kind zu seiner Mutter sagt: ‚Du bist die allerschönste auf der Welt', dann ist die derart idealisierte Mutter ein Bild, das dem Ereignis der Liebe entstammt. Ich will das noch an einem anderen, sehr viel delikateren Beispiel zeigen. Ich tue das, obwohl ich damit wunde Stellen berühre und gleichsam mitten in unbewältigte Neurosen hineinlange. (Aber ich halte es für gefährlich, nach wie vor den Nazis darin hörig zu sein – wenn auch in Form von negativen Reaktionen –, daß wir bestimmte Werte, wie etwa die des Vaterlandes, für uns shocking sein lassen, nur weil die Nazis mit ihnen Schindluder getrieben und es fertiggebracht haben, uns lange nachschwelende Komplexe zu applizieren.) Das Lied ‚Deutschland, Deutschland über alles' kann uns die beiden Grundformen des Ideals, das der Liebe entstammende und das zur Ideologie pervertierte, in großer Prägnanz sichtbar machen: In seinem ursprünglichen Sinne war es sicher ein Lied, das genau der Liebeserklärung des Kindes gegenüber seiner Mutter analog war: ‚Du bist das allerschönste Land mit deinen Burgen, Flüssen und Wäldern; in der ganzen Welt geht mir nichts über dich'. Es ist die Liebeserklärung ans Vaterland, das so wohl jeder Bewohner jedes Landes ausspricht. In diesem Satz eine objektive Aussage über Rangstufen der Völker und über die Spitzenstellung des eigenen Volkes sehen zu wollen, wäre ebenso läppisch, wie wenn man dem Kinde unterstellte, daß seinem Bekenntnis ‚Du bist die Schönste' der Charakter einer Diagnose zukäme, die sich auf exakte Testvergleiche seiner Mutter mit andern Frauen gründete. Das gleiche Ideal des Vaterlandes, das so der Liebe entstammt, kann im nächsten Augenblick – und wir haben ja diesen Augenblick erlebt – zum ideologischen Stimulans des Nationalsozialismus werden..."[16]

M 50

Walter Scheel: Friedliches Deutschland (1978)

„Man kann von Deutschland in einem friedlichen, freiheitlichen Sinn reden. Man braucht dabei nicht in Hitlers Haßgeschrei oder in Kaiser Wilhelms Hurrah-Patriotismus zu verfallen. Und wer es noch nicht kann, der sollte es bald lernen. – Wir müssen uns aus unseren Verkrampfungen gegenüber Deutschland lösen. Wir müssen die Einheit Deutschlands zunächst in uns herstellen. In dem Maße, in dem uns das gelingt, werden wir auch freier werden, freier im Verhältnis zu unserer Vergangenheit, zu unserem Staat, zu unseren Nachbarn, zu uns selbst. Wir werden erst dann die Fesseln der Vergangenheit ganz abgestreift haben, wenn wir nicht mehr zu betonen brauchen, daß unser Streben nach der Einheit Deutschlands nichts anderes ist als unser Streben nach Frieden, Recht und Freiheit. – Wir singen jetzt die dritte Strophe des Deutschlandliedes.“[17]

M 51

Horst Ehmke: Was ist des Deutschen Vaterland? (1979)

„Ernst Moritz Arndt hat auf diese selbstgestellte Frage im Überschwang der Freiheitskriege eine ebenso euphorische wie apolitische Antwort gedichtet: ‚Soweit die deutsche Zunge klingt und Gott im Himmel Lieder singt, das soll es sein, das, wackerer Deutscher, nenne dein.‘ Die Inanspruchnahme des deutschen Sprachgebietes als ‚des Deutschen Vaterland‘ war im Hinblick etwa auf die politische Entwicklung der Schweiz und der Niederlande bereits 1813 ungeschichtlich. Und die Inanspruchnahme des lieben Gottes für die wackeren, liedersingenden Deutschen war ein apolitisches Ausweichen vor der Frage, was denn wohl die innere Dimension dieses Vaterlandes sei bzw. sein solle und sein könne.

Nirgendwo ist die Frage nach dem Vaterland so häufig gestellt worden wie unter den Deutschen. Nie waren sie sich seiner sicher. Deutschland war und ist in der Tat ein schwieriges Vaterland. Goethe und Schiller haben den Deutschen in den Xenien geraten: ‚Zur Nation euch zu bilden, Ihr hoffet es, Deutsche, vergebens, bildet, Ihr könnt es, dafür freier zu Menschen euch aus.‘ In den Jahrzehnten darauf folgte eine Entwicklung vom Weltbürgertum zum Chauvinismus, die Grillparzer den Stoßseufzer entrang: ‚Von Humanität durch Nationalität zur Bestialität‘ – was sich heute wie eine Vorahnung des Nazi-Regimes anhört. ‚Es kennzeichnet die Deutschen‘, spottete Friedrich Nietzsche, ‚daß bei ihnen die Frage „Was ist deutsch?“, niemals ausstirbt.‘ …“[18]

M 52

Helmut Berschin: Das Wort „deutsch“ (1979)

„Die Erhöhung von *DEUTSCH* zum Wert- und Weltanschauungswort verläuft in der Zeit des Kaiserreiches, der Weimarer Republik und des Dritten Reiches ansteigend: zunächst deutsch, dann deutscher, zuletzt am deutschesten.

Die ‚Richtlinien für die Lehrpläne der Höheren Schule Preußens‘ bestimmten 1925 – übrigens unter einer sozialdemokratischen Regierung – als allgemeines Lernziel des Faches Deutsch: ‚Im deutschen Unterricht sollen die Schüler lernen, deutsch zu reden und zu schreiben, deutsch zu fühlen, zu denken und zu wollen.‘

Was bedeutet *deutsch* in diesem Satz? In ‚deutsch reden und schreiben' bezieht sich das Wort *deutsch* auf die deutsche Sprache; Lernziel ist hier, die mündliche und schriftliche Ausdrucksfähigkeit im Deutschen zu fördern. Was aber meint *deutsch* in ‚deutsch fühlen, denken und wollen'? Diese Lernziele beziehen sich nicht auf die Sprachfähigkeit, sondern auf Gemüt, Verstand und Willen des Schülers, also auf die Gesamtheit seiner Person. Dem Schüler soll ein deutscher Stempel aufgedrückt werden, der ihn ganzheitlich prägt. Was beinhaltet nun das Schlüsselwort *deutsch*? Darüber geben die Richtlinien kaum Auskunft, die Formulierung ‚deutsch fühlen, denken und wollen' ist sehr auslegungsfähig. Es handelt sich aber nicht um eine inhaltsleere Formel, sondern um einen nationalen Erziehungsansatz, der nationalistisch beliebig gesteigert werden kann, zum Beispiel in der als Postkarte und Plakat in den zwanziger Jahren verbreiteten Gedichtstrophe:[19] *‚Ich bin geboren, deutsch zu fühlen, / Bin ganz auf deutsches Denken eingestellt, / Erst kommt mein Volk, dann all die andern vielen, / Erst meine Heimat, dann die Welt.'*
Das nationaldeutsche Erziehungsziel in den preußischen Lehrplänen wurde in einem neuen Schulfach verankert, der Deutschkunde. Die einschlägigen Lehrbücher sagen allerdings wenig über deutsche Art und deutsches Wesen direkt aus. Der Inhalt: eine Mischung aus Geographie des deutschen Lebensraumes, Rassenbiologie, Volkskunde, germanisches Altertum, angereichert mit etwas Kultur-, Sozial- und Verfassungsgeschichte, beantwortet zwar die Frage *Was heißt deutsch?* nicht, zeigt aber doch das völkisch-nationale Umfeld, in dem die Frage gestellt wurde.
In diesem Umfeld konnte der Nationalsozialismus das Deutschsein zum Wert der Werte erhöhen. In der nationalsozialistischen Weltanschauung ist *deutsch* das Wertwort schlechthin, ja gerade das Offenbarungswort. In einer Programmschrift ‚Vom deutschen Wesen' aus dem Jahre 1938 wird Nationalsozialismus mit Deutschsein gleichgesetzt und Deutschsein gilt gleich Religion:
‚Unser Dasein hat wieder einen Sinn bekommen. *Nationalsozialismus ist nichts anderes als die Lehre vom deutschen Leben. Deutsches Leben aber ist die Lehre von Gott, wie er sich uns offenbart. (...)* Wir Deutschen haben nun von Gott den Auftrag, den deutschen Teil seiner Schöpfung deutsch zu erhalten und sonst nichts! *Somit ist unsere Arbeit Religion, und somit ist unsere Politik der Erhaltung der Nation zugleich höchste Religion.*'[20]
Als Offenbarungswort einer Weltanschauung drang *deutsch* im Dritten Reich in Bereiche ein, die bisher sozusagen deutschneutral waren, nämlich Wissenschaft und Religion. Es gab zum Beispiel eine *Deutsche Physik*, welche die *Jüdische Physik* der Relativitätstheorie Albert Einsteins ablehnte. Das Wort *deutsch in Deutsche Physik* bezeichnet nicht ganz allgemein die Zugehörigkeit zum deutschen Kulturkreis – in diesem Sinne gehört der Physiker Albert Einstein ja auch zur deutschen Physik –, sondern ein Bekenntnis zu einer Weltanschauung: der nationalsozialistischen Lehre vom Deutschsein."[21]

M 53

Thomas Stein: Nationale Symbole und nationale Identität (1985)

„Kein Staat kommt ohne nationale Symbole aus. Symbole werden gebraucht, um auf die Präsenz oder die Macht des Staates hinzuweisen: An den Grenzen durch Hoheitszeichen, in den Behörden durch das Siegel oder bei feierlichen Anlässen durch die Hymne und durch Flaggen.

In keinem anderen Land wird die Notwendigkeit einer solchen Zurschaustellung des Staates aber so häufig kritisiert wie in der Bundesrepublik Deutschland. Die Gründe für Kritik und Vorbehalte sind verständlich, denn niemals wurde mit nationalen Symbolen und mit den Gefühlen, die sie ansprechen, so viel Mißbrauch getrieben wie in Deutschland unter der nationalsozialistischen Diktatur.

Dennoch wäre es falsch, Zweifel bei den Bürgern über Sinn und Form nationaler Symbole erst in der Zeit nach dem Zusammenbruch der braunen Terrorherrschaft suchen zu wollen. Leidenschaftlich ausgetragene Dispute über die nationalen Symbole gab es bereits in den Staaten des zersplitterten Deutschlands im neunzehnten Jahrhundert, in der Zeit des Kaiserreichs und in der Weimarer Republik. Sie waren ein Spiegelbild der damaligen politischen und gesellschaftlichen Konflikte. Deshalb vermittelt die Beschäftigung mit der Geschichte der nationalen Symbole zugleich einen Einblick in die Schwierigkeiten der Deutschen, eine eigene nationale Identität zu finden ...“[22]

M 54

Walter Jens: Vaterländischer Mißklang (1986)

„Die schwarz-rot-goldene Hymne eines wackeren Demokraten, der wie Verleger Campe hoffte, mit dem vom Geist der Burschenschaften erfüllten Gedicht sein Glück machen zu können: entstellt durch die Geschichte, durch chauvinistischen Überschwang und die Barbarei der Nationalsozialisten (das Lied der Deutschen, gesungen beim Flaggenappell im Konzentrationslager) – das war es, was Adenauer ignorierte, und, im Bund mit den Opfern des Faschismus in aller Welt, Theodor Heuss sehr wohl bedachte: ‚Ich wollte vermieden wissen, daß in öffentlichen Veranstaltungen mit einem vaterländischen Akzent ein Mißklang ertönte, weil sehr, sehr viele Menschen unseres Volkes Haydns große Melodie nur eben als Vorspann zum ... Horst-Wessel-Lied im Gedächtnis haben, dessen banale Melodie den Marsch-Takt in ein Volksverderben abgab.‘ ...

‚Deutschland, Deutschland über alles‘: Das kann, wie die Forschung längst bewiesen hat, nichts anderes heißen als: Deutschland ist mehr, ist größer, ist mächtiger als alles, sofern es seine politische Einheit gewinnt. Die Zeugnisse, vor allem das Vor-Lied der Hymne, der Kampf-Gesang ‚Östreich über alles‘ sprechen für sich und setzen jene ins Unrecht, die über alles im Sinne von ‚liebenswert wie sonst nichts‘ verstehen möchten ... und zu diesen Interpreten ge-

hört, wie eine Eintragung in der ‚Entstehung des Doktor Faustus' beweist, immerhin Thomas Mann: ‚Ich erinnere mich des skeptischen Lächelns, dem ich begegnete, als ich den Herren' – gemeint sind Elmar Davis und dessen Assistenten – ‚auseinandersetzte, daß das berüchtigte *Deutschland, Deutschland über alles* eigentlich eine sehr wohlmeinende Parole gewesen sei, Ausdruck großdeutscher demokratischer Hoffnung und keineswegs so gemeint, daß *Deutschland über alles* herrschen solle, sondern daß man es werthalten wolle über alles, wenn es einig und frei sei.'
Eine noble Interpretation, nicht stimmig zwar, aber dem Text immerhin noch näher als die Zutat des Präsentiermarschs oder die Benutzung zugunsten des Alleinvertretungsanspruchs der Bundesrepublik. Nein, demokratische Deutungen wie die Thomas Manns wären der Hymne, die mit Walther von der Vogelweide (‚Von der Elbe unz an den Rîn und her wider unz an Ungerlant') mehr zu tun hat als mit Militärmusik, nicht schlecht bekommen. Aber wen hätte sie schon inspirieren können, in ihrer Spießigkeit und ihrem Reichtum an gereimten alliterierenden Formel-Phrasen (‚Schutz und Trutz', ‚Maas und Memel', ‚Herz und Hand')? Und dabei braucht man noch nicht einmal, mit Tucholsky, ‚von einem wirklich schlechten Gedicht' zu sprechen, ‚das eine von allen guten Geistern verlassene Republik zu ihrer Nationalhymne erkor'.
Trotzdem, ich fürchte, Nietzsche hatte recht, als er in der *Genealogie der Moral* das Deutschlandlied in Zusammenhang mit handgreiflicher Verödung des deutschen Geistes, mit Enge, nationaler Einklemmung und Eitelkeit brachte. Kein Grund also, alles in allem, den Vorstellungen des baden-württembergischen Kultusministers zu folgen und das Deutschlandlied in den Schulen auswendig lernen zu lassen, da gibt es wirklich Wichtigeres zu behalten; wohl aber ein Anlaß, die Intentionen des Liedes historisch zu analysieren, die Stadien seiner Indienstnahme zu verfolgen und sich am Ende die Frage vorzulegen, ob das ‚Lied der Deutschen' (Helgoland, 26. August 1841) anno 1986 nicht so obsolet ist wie, beispielsweise, der Große Zapfenstreich. Obsolet zumindest deshalb, weil die Deutschen ein Lied im Schrank haben [gemeint ist Brechts ‚Kinderhymne', d. Verf.], in dessen Zeichen noch niemand gestorben, noch niemand ermordet worden ist, sondern mit dem sich's leben läßt, für Demokraten in Eisenhüttenstadt so gut wie in Rendsburg:

Und weil wir dies Land verbessern
Lieben und beschirmen wir's.
Und das Liebste mag's uns scheinen
So wie andern Völkern ihrs."[23]

M 55

Christian Graf von Krockow: Symbolbildung und politische Identität (1987)

„... Die Bedeutung des Symbols erkennt man im Rückblick aufs Uralte, Archaische. Denn zu den ältesten Spuren, die wir vom menschlichen Leben haben, gehören diese Zeichen des Sich-Feststellens, eingemeißelt in den Stein, abgebildet in Höhlen ...

Nur auf eine höhere Stufe der Abstraktion, aber grundsätzlich in die gleiche Richtung weisen andere Symbole: Nationalfarben und Fahnen, Kokarden und Kreuze, die Hymnen. Keine politische Bewegung ohne ihr Markenzeichen. Gefühle, Leidenschaften steigen aus Abgründen herauf ... es mag als Fortschritt, als ein Gewinn aus bitterer Erfahrung erscheinen, daß die Übersteigerungen, die Brüche und Abbrüche der neueren deutschen Geschichte uns ein distanzierteres Verhältnis zu nationalen oder überhaupt zu politischen Symbolen beschert haben als wohl den meisten anderen Völkern. Aber zugleich drängt sich die Frage auf, ob wir nicht auch oder erst recht Verluste beklagen müssen. Hängt die rat- und rastlose Suche nach der verlorenen Identität, diese von Beobachtern so oft registrierte deutsche Unsicherheit, die in solcher Form in Frankreich, den Niederlanden oder in Polen kaum vorstellbar scheint, nicht mit den Abbrüchen unserer Geschichte zusammen?

Die positive Bedeutung politischer Symbole wird vor allem in Krisensituationen sichtbar; zwei Beispiele mögen dies anschaulich machen. Als im Jahre 1940, nach dem deutschen Sieg über Frankreich, das Schicksal der Schweiz auf des Messers Schneide zu stehen schien, versammelte der eidgenössische Oberbefehlshaber, General Guisan, seine Truppenkommandanten auf dem Rütli, um hier, am geheiligten Ort, miteinander eine feierliche Verpflichtung einzugehen: im Falle des deutschen Einmarsches nicht zu kapitulieren, sondern die Alpenfestung bedingungslos zu verteidigen. Das war ein Vorgang von großer Symbolkraft: Jeder Soldat und jeder Bürger hat verstanden, was gemeint war, ohne daß es überhaupt ausgesprochen werden mußte.

Ähnlich das zweite Beispiel: Kaum ein Niederländer, der die Jahre der deutschen Besatzung zwischen 1940 und 1945 miterlebt hat, vermag noch anzugeben, wer die Männer waren, die damals die Exilregierung in London bildeten. Verständlich genug: Eine Regierung, die kaum mehr etwas zu regieren hat, wirkt nicht sehr eindrucksvoll. Aber jeder erinnert sich an die Königin im Exil und an ihre Rundfunkansprachen. Denn die Königin verkörperte das Haus Oranien – und das Haus Oranien die Hoffnung auf Sieg im scheinbar aussichtslosen Kampf gegen Fremdherrschaft und Unterdrückung.

Nicht von ungefähr liegt in beiden Beispielen ein Vergleich mit dem Uralten nahe. Denn wie das archaische Totemtier symbolisieren der Rütlischwur und das Haus Oranien den mythischen Ursprung, die Herkunft der Nationen, das „Wir"-Bewußtsein der Eidgenossen und der Niederländer in der Darstellung ihres Gründungs-Aktes. Genau darin wurzelt und bestätigt sich – nicht nur im Rückblick, sondern auch oder gerade in der aktuellen Situation – die politische Identität.

Sieht man es so, dann muß man freilich den deutschen Mangel beklagen. Um auch ihn in einer Anekdote sinnfällig zu machen: Als vor Jahren – wieder einmal – das Traditionsproblem der Bundeswehr zur Debatte stand, habe ich in einem Kreis junger Offiziere die Geschichte vom eidgenössischen Rütli-Rapport erzählt und die Frage gestellt: Wo wohl sollten bei entsprechender Gelegenheit unsere Generale sich versammeln? Ein Vorschlag lautete: Im Teutoburger Wald. Die Antwort war Gelächter – mit Recht, denn aus dem germanischen Urwald führt kaum ein gerader Weg ins moderne Gemeinwesen. Ein anderer Vorschlag heißt: am Sarge Friedrichs des Großen. Doch abgesehen von der Frage, wie eigentlich Hannoveraner, Rheinländer, Bayern oder Württemberger sich dort motiviert fühlen sollten: Auf meine Nachfrage, wo denn der Sarkophag sich heute befinde, gab es keine Antwort mehr, jedenfalls keine zutreffende.
Fragen und Zweifel allenthalben: Kann unsere politische Identität überhaupt noch als nationale begründet und ins Symbol gefaßt werden? Wohin dann, in einem geteilten Land, mit der DDR? Was die Bundesrepublik Deutschland verkörperte, was unsere kritische Solidarität fordert und Verteidigung gebietet, ist eine politische Ordnung der Freiheit, aufbewahrt und festgeschrieben in den wertbestimmten Entscheidungen und in den Verfahrensregeln des Bonner Grundgesetzes. Auf die Verfassungsloyalität kommt es an. Wie aber kann man die ins Symbol fassen? Ist es überhaupt möglich, Demokratie darzustellen?
Selbstverständlich. Es gibt kaum eine Frage des institutionalisierten Handelns oder Redens, die nicht auch Elemente der symbolischen Darstellung, um nicht zu sagen eines Rituals mit sich führt. Die Frage ist nur, ob diese Elemente auch erkannt und anerkannt, gepflegt und eingeübt werden. Damit allerdings dürfte es hierzulande schlecht bestellt sein; wer je eine anglo-amerikanische ‚Debating-Society' erlebt hat, kann dem Darstellungs-Standard unserer parlamentarischen Debatten wenig mehr abgewinnen. Wo aber unbeachtet bleibt, was der Mensch als Symbolwesen für seine gefühlsbestimmte Identifikation braucht, darf man sich nicht wundern, wenn andere, am Ende ‚system'-kritische Kräfte den Leerraum füllen.
Zum Vergleich: Die Friedensbewegung von 1983 gegen die Nachrüstung hat es treffsicher verstanden, sich Symbole zu schaffen und im symbolischen Handeln Gefühle zu mobilisieren. Ähnlich die Studentenrebellion von 1968: ‚Unter den Talaren – Muff von tausend Jahren' – das traf; die Rebellen hatten begriffen, daß man dem Gegner zunächst einmal sein Recht aufs Ritual streitig machen muß, um an seiner Stelle das eigene zu etablieren.
Solche Beispiele drängen freilich zu kritischen Überlegungen, die bis ins Grundsätzliche reichen: Ist die gefühlsbeladene Identifikation überhaupt zu wünschen? Verleiten ihre Symbole nicht zum mörderischen Entweder-Oder, zur Ausgrenzung des Andersdenkenden und angeblich Artfremden, zur Verzerrung des Politischen ins Freund-Feind-Verhältnis? Die Gefahr zumindest liegt stets auf der Lauer. Nur läßt sie sich nicht bannen, indem man sie verdrängt oder das Vakuum schafft, das dann mit der Panik der Orientierungslosigkeit dem Demagogen des Freund-Feind-Verhältnisses erst seine Chance zuspielt. Man muß

den Gefahren vielmehr durch eine Vielfalt der Zugehörigkeiten, durch eine komplexe Identitätsbildung begegnen.
Was damit gemeint ist, läßt sich an der Alltagsrealität jedes einzelnen zeigen. Unter modernen Bedingungen gibt es für jeden von uns eine Vielzahl von Zugehörigkeiten. Wir sind Mitglieder einer Familie, haben einen Freundeskreis, einen Beruf, leben als Bürger einer Gemeinde, einer Region, einer Stadt, bekennen uns als Mitglieder zu einer Kirche, zu einer Partei, sind Hanseaten, Hessen, Bayern, Bundesbürger, Deutsche, Europäer, wahrscheinlich noch vieles mehr – und alles durch- und nebeneinander. Jede dieser Zugehörigkeiten bedingt spezifische Symbole, schafft Bindungen, fordert ein Stück Hingabe, ergibt eine Teilidentität. Aber keine ist für sich das Ganze. Die Vielfalt der Teilidentitäten mit ihren nicht selten – allein schon vom Zeitbudget her – unterschiedlichen und manchmal widerstreitenden Normen auszubalancieren, ist eine spezifische und schwierige Aufgabe, aus der dann Biographie, Charakter und Gesamtidentität erst folgen.
Doch die Schwierigkeit komplexer Identitätsbildung hat zugleich entscheidende Vorteile; sie stellt im doppelten Sinn eine Lebensversicherung dar. Denn einerseits wird unser Lebensgebäude vielleicht beschädigt, aber nicht zerstört, wenn viele Pfeiler es tragen und einer davon einmal wegbricht. Andererseits schützt die Vielfalt der Zugehörigkeiten und deren Symbol- und Normenkomplexität durch wechselseitige Relativierung vor der totalitären Versuchung. In der einen Dimension mag es Gegnerschaft geben, während in der anderen Gemeinsamkeiten bleiben. Erst wenn alle Vielfalt in ein einziges und absolutes Freund-Feind-Verhältnis zusammenschmilzt – sei es in der Religion oder der Nation, der Rasse, der Klasse oder wessen auch immer –, bricht mit der radikalen Abgrenzung die mörderische Gewalt hervor. Das gilt für überwältigende Mehrheiten wie im Reich Adolf Hitlers ebenso wie für winzige Minderheiten nach der Art der terroristischen RAF...
Gibt es in den menschlichen Angelegenheiten überhaupt etwas, was in weiterer Perspektive ‚natürlich' zu nennen wäre, ist nicht alles einmal aus geschichtlichen Entscheidungen entstanden? ‚Wie viele Existenzen gibt es noch in der heutigen politischen Welt, die nicht in revolutionärem Boden wurzeln?'[24] fragte Bismarck schon 1857. Vorläufig noch schmale Traditionsbestände sollten darum kein Anlaß sein, sie zu schmälern, sondern dazu auffordern, sie sorgsam zu pflegen...
Die deutsche Frage wird überhaupt erst handhabbar, wenn wir sie unter dem Gesichtspunkt komplexer Symbol- und Identitätsbildung betrachten. Freilich taucht in unseren Diskussionen wieder und wieder das Dilemma des Entweder-Oder auf. Entweder sind wir ganz und gar, vordergründig sogar selbstsicher, bloß noch Bundesbürger und setzen dann das Deutsche kurzweg mit der Bundesrepublik gleich – wie zuweilen im sportlichen, höchst symbolträchtigen Sprachgebrauch: Deutschland spielt gegen die DDR. Dann werden uns die gesamtdeutsche Verantwortung und der Verfassungsauftrag des Grundgesetzes als schlechtes Gewissen angemahnt. Oder wir erklären ‚Deutschland als Gan-

zes‘ zur eigentlichen Realität und die Bundesrepublik zum bloßen Provisorium, zum historischen Notquartier; dann gerät unausweichlich die Identifikation mit ihr in Beweisnot.
Falls wir dagegen statt des Entweder-Oder das Sowohl-als-auch zur Richtschnur nehmen, entspricht das nicht bloß einer theoretischen Konstruktion, sondern wie die Vielfalt der Teilidentitäten in unserer Alltagspraxis den Realitäten. Die Bundesrepublik Deutschland ist unser Verfassungsstaat der Freiheitssicherung; er hat wenig gemein mit den politischen Verhältnissen in der DDR, um so mehr aber mit westlichen Ländern wie Frankreich, Großbritannien, den Vereinigten Staaten. Mit der DDR dagegen – und nicht mit sonstigen Ländern in West und Ost wie Frankreich oder Polen – verbinden uns Gemeinsamkeiten der Geschichte, der Literatur und Kultur. Die Gemeinsamkeiten werden, sei es konkurrierend, sofort sichtbar, wenn es um Historisches und Kulturelles von Rang geht, handle es sich nun um Preußen oder um Martin Luther. Mit Franzosen und Polen wiederum verbindet uns spezifisch Europäisches.
Schließlich . . .: Gerade im deutschen Falle würden wir mit der Anerkennung einer komplexen politischen Identität geschichtliche Kontinuität nicht etwa abbrechen, sondern im Gegenteil sie neu knüpfen. Die Überwältigung durch den Nationalismus ist eine Episode geblieben, die in die Katastrophe mündete. Einst war man selbstverständlich sei es Preuße, sei es Sachse, Hannoveraner, Bayer, Württemberger – und ebenso selbstverständlich und selbstbewußt zugleich Deutscher und Europäer. Das Verhängnis, nicht das Heil, begann mit dem Komplexitätsverlust, den schon vor anderthalb Jahrhunderten Heinrich Heine ahnungsvoll geschildert hat: ‚Der Patriotismus des Deutschen besteht darin, daß sein Herz enger wird, daß es sich zusammenzieht wie Leder in der Kälte, daß er das Fremdländische haßt, daß er nicht mehr Weltbürger, nicht mehr Europäer, sondern nur ein enger Deutscher sein will. Da sahen wir nun das idealische Flegeltum, das Herr Jahn in System gebracht; es begann die schäbige, plumpe, ungewaschene Opposition gegen eine Gesinnung, die eben das Herrlichste und Heiligste ist, was Deutschland hervorgebracht hat, nämlich gegen jene Humanität, gegen jene allgemeine Menschenverbrüderung, gegen jenen Kosmopolitismus, dem unsere großen Geister, Lessing, Herder, Schiller, Goethe, Jean Paul, dem alle Gebildeten in Deutschland immer gehuldigt haben.[25]
Wahrlich: aus der Erfahrung unseres Scheiterns als späte Nationalisten tauchen Erfahrungen herauf, an die wir anknüpfen können. Wenn sie aber wirksam werden sollen, müssen wir zugleich auf die Zeichen uns einlassen, die von ihnen künden.“[26]

M 56

Walter Scheel: Ein Stück unserer deutschen Identität (1988)

„Wir Deutschen tun uns vielfach noch recht schwer mit unserer Hymne. Das ist verständlich angesichts der offenkundigen Belastungen, denen das ‚Lied der Deutschen' in seiner wechselvollen Geschichte ausgesetzt war. Die Republik von Weimar hat es 1922 zur Nationalhymne erhoben, das ‚Dritte Reich' hat es pervertiert, um seinen Machtanspruch zu untermauern. Das wirkt nach.

Viele Mitbürger haben, bewußt oder unbewußt, ihre berechtigte Ablehnung gegen die Symbole des nationalsozialistischen Staates auf die Symbole der demokratischen Bundesrepublik Deutschland und damit auch auf unsere Hymne übertragen – zu Unrecht, wie ich meine.

Eine Nation lebt aus ihrer Geschichte. Dies gilt auch für die Bundesrepublik Deutschland, wobei ich nicht übersehe, daß wir Deutschen es mit der Geschichte schwerer haben als unsere Nachbarn. Wenn wir jedoch unsere Geschichte, zu der auch unsere Nationalhymne gehört, vergessen oder verdrängen, vergessen wir auch, was uns zusammenhält. Je besser wir andererseits die Brüche und Irrwege unserer Vergangenheit erforschen und verstehen, um so eher werden wir die aus unserer Geschichte erwachsenen Aufgaben begreifen, die da heißen: Bewahrung der Deutschen Nation, Einheit Deutschlands, Schaffung Europas, Sicherung des Friedens."[27]

M 57

Marion Pigache: Wieder in Deutschland (1988)

„Es hat lange gedauert, bis ich wieder nach Deutschland wollte. Ich wurde gebeten, bei der ersten Frankfurter Messe nach dem Krieg im Britischen Pavillon eine Export-Firma zu vertreten. Ich ging mit einem Haßgefühl durch den Ausgang des Flughafens, den dicken, blonden Kopf eines Mannes vor mir. ‚Sie waren immer noch überall', dachte ich. Mir wurde schlecht. Aber nein, es war zufällig ein jüdischer Geschäftsmann. ‚Wieso gucken Sie so böse?', fragte er mich; aber wir wurden beide blaß, als die großen, uniformierten Beamten unsere Messeausweise abknipsten.

‚Im Krieg hätte ich mir in die Hosen gemacht, wenn diese Deutschen so auf mich losgekommen wären', sagte mein Bekannter. Ich fragte nach dem Weg zu meinem Stand, und die freundliche Dame lächelte. ‚Sie kommen auch aus Berlin?', fragte sie mich. Ich, die so viele Jahre nur Englisch sprach und Englisch dachte, konnte es noch nicht zugeben. Automatisch antwortete ich: ‚Wir lernen es so in der Schule'...

Dann kam der Abend, an dem mich die Magdeburgerin, die meine Mutter versteckt hatte, nach Königstein holen ließ, wo sie nun wohnte. Bei meiner Ankunft stand sie vor der Haustür mit liebevoll ausgestreckten Armen. ‚Ich entschuldige mich für ganz Deutschland', rief sie mit Tränen in den Augen. Konnte man denn noch ganz Deutschland hassen?

Solch ein Erlebnis und die vielen, netten Deutschen, die man als Urlauber im Ausland traf, brachten mich dazu, nach Deutschland zurückzukehren. Nicht zurück in meine Heimat; ich will meinem Leben in Deutschland eine zweite Chance geben. Ich kann nie mehr ‚Deutschland, Deutschland über Alles' ohne ein grausames Gefühl hören. Ich werde sentimental bei ‚God save our gracious Queen'. Ich weiß kaum mehr, ob ich Deutsch oder Englisch spreche und denke, ich gehöre nirgendwo hin. Bei meiner Arbeit mit vielen Menschen drücke ich oft ein Auge zu.
Ich habe gute Bekannte und Freunde, aber am 9. November will ich nie wieder in Deutschland sein. Die Kristallnacht kann man nicht verzeihen, und vielleicht wohnt einer von den Tätern doch nebenan?"[28]

M 58

Golo Mann: Kleine Betrachtung zu Nationalhymnen (1989)

„Im Brockhaus finde ich, Nationalhymnen seien erst im neunzehnten Jahrhundert entstanden. Das ist nicht ganz richtig; zwei der berühmtesten, die französische Marseillaise und das britische ‚God save the king' sind älter: diese stammt aus dem Jahr 1740, jene aus der Großen Französischen Revolution, 1792. Im neunzehnten Jahrhundert entstand die nordamerikanische, entstanden auch die zahlreichen hispano-amerikanischen, nachdem die Bürger jener Reiche sich von Spanien freigekämpft hatten; im 19. Jahrhundert auch das Deutschlandlied. Als Nationalhymne konnte es zunächst nicht gedacht sein, weil es, als Hoffmann von Fallersleben den Text dichtete, einen deutschen Nationalstaat nicht gab. Wohl aber sehnte der Dichter ihn herbei.
Aus dem Alter der frühen Hymnen erklärt sich, daß ihre Aussagen vielfach veraltet sind. Zum Beispiel ist in der britischen von den schändlichen Projekten des Papsttums die Rede – ‚Popery and its knavish tricks'. Wenn das im Jahre 1740 vielleicht noch etwas Sinn hatte – in unseren Zeiten, da die Königin von Großbritannien, da der Erzbischof von Canterbury den Papst besucht, hat es gewiß keinen mehr. Die Marseillaise ist ein Kriegslied, gegen die Feinde des neuen Frankreich, gegen eine ‚Verschwörung von Königen, Priestern und Sklaven' – diese Verschwörung hat gar nicht lange gedauert, insoweit sie je bestand. Aber die Marseillaise besitzt eine hinreißende Melodie, auch, und das ist wichtig genug, sie wurde ebensowenig wie ‚God save the king' als Nationalhymne geplant. Beide wurden allmählich dazu, die Offizialität, das Gesetz kam zum Schluß, nicht am Anfang. Eine echte Nationalhymne muß gewachsen sein, nicht geplant. Die amerikanische, eine sehr kriegerische, um nicht zu sagen blutrünstige, gab es schon eine Zeitlang, ehe sie als Nationalhymne angenommen wurde. Jene, die Johannes Becher für die DDR dichtete: ‚Auferstanden aus Ruinen / Und der Zukunft zugewandt ...', sie mag ja ganz schön sein, aber sie trägt den Stempel des Künstlichen.

Genau dies gilt für das Deutschland-Lied nicht; es ist sehr allmählich zur Nationalhymne geworden. Im deutschen Kaiserreich, 1871–1918, gab es dergleichen eigentlich nicht. Es gab ein Lied zu Ehren des Königs von Preußen, nun auch des deutschen Kaisers: ‚Heil dir im Siegerkranz / Herrscher des Vaterlands ...', was dann auch etwa für Bayern abgewandelt wurde: ‚Heil unserm König, heil, / Langleben sei sein Teil ...'.
Ein kompletter Nationalstaat war dieses ewige Bündnis deutscher Fürsten und Freier Städte eben doch nicht. *Ein* Lied jedoch war gewissermaßen eine Ersatzhymne: ‚Es braust ein Ruf wie Donnerhall, / Wie Schwertgeklirr und Wogenprall. / Zum Rhein, zum Rhein, zum deutschen Rhein / Wir woll'n des Stromes Hüter sein ...'. Das Lied stammte von 1840, dem Jahr, in dem ein französischer Regierungschef, Thiers, anfing, darüber zu schwadronieren, daß der Rhein eigentlich die französische Ostgrenze sein müsse, um eine politische Niederlage anderswo wieder gut zu machen. Er wurde prompt entlassen, die Krise endete schnell, aber das Lied blieb. Es war kein Angriffslied, der Rhein sollte ja nur verteidigt werden, aber zusammen mit der Melodie klang es doch arg martialisch. Heute ist es längst vergessen.
Die erste Deutsche oder ‚Weimarer Republik' sollte nun ein echter Nationalstaat sein: ‚Das deutsche Volk, einig in seinen Stämmen ...'. Und dafür wurde eine Nationalhymne gebraucht. Es war der sozialdemokratische Ebert, ein des Nationalismus keineswegs verdächtiger Mann, der Hoffmanns Lied dazu erhob, und besser hätte er nicht wählen können. Der Text ist, verglichen mit der nordamerikanischen oder der französischen Hymne, reinste Lyrik. Sie wird verklärt durch die Haydn'sche Melodie, die ja auch das Thema eines seiner Quartette bietet. Unvermeidlich enthält auch sie ein paar veraltete Stellen, wie könnte es nach demnächst einhundertfünfzig Jahren anders sein. Dies gilt vor allem für die Grenzen des vom Dichter erträumten geeinigten Vaterlandes: ‚Von der Maas bis an die Memel / Von der Etsch bis an den Belt.' ...
Als neuerdings in einigen deutschen Ländern die Sitte aufkam, nicht bloß die letzte Strophe zu singen, wie Konrad Adenauer und Theodor Heuss gewünscht hatten, sondern auch die beiden ersten, meinte ein an sich ausgezeichneter französischer Germanist und Deutschlandkenner, hier mache sich neuer Imperialismus bemerkbar. Unbegreiflicher Irrtum! Die vom Dichter erträumten Grenzen eines geeinten Deutschland waren jene des ‚Deutschen Bundes', den es damals, 1841, gab und zu dem, um nur ein Beispiel zu nennen, auch das österreichische Südtirol mit dem Oberlauf der Etsch gehörte. Daß das heute und schon seit sechzig Jahren nicht mehr so ist, daß der Gedanke an eine Rückeroberung Südtirols grotesker Anachronismus wäre, weiß jeder, welcher die erste Strophe singt. Genauso wie jeder Franzose weiß, daß es keine ‚Verschwörung der Könige, Priester und Sklaven' gegen die französische Republik mehr gibt. Und singt er von deutschen Frauen, deutschem Wein und deutschem Sang, dann ist ihm bekannt, daß dies alles sehr gute Dinge sind, aber nicht besser als anderswo. Sie sollen ja auch nur ihren ‚guten alten Klang' bewahren.
Würden morgen die vielen mit der Bundesrepublik befreundeten Staaten auf

ihre Hymne verzichten, dann bräuchte auch sie keine. Aber so ist es nicht. Das Lied wird benötigt beim Besuch fremder Staatsoberhäupter, wie sie heutzutage so sehr häufig sind. Es wird auch gebraucht, um nationalen Feiern im Lande einen würdigen Beginn oder ein würdiges Ende, kurz, eine gewohnte Form zu geben. Und das ist alles keines Streites, keine Aufregung wert."[29]

M 59

Ein Leserbrief: Gedenkfeier in Plötzensee (1989)

„Jährlich bin ich dienstlich verpflichtet, anläßlich der Gedenkfeier am 20. Juli in Plötzensee mit einem Kollegen die Nationalhymne zu intonieren. Kritisch möchte ich dazu anmerken, daß die wahrscheinlich geladenen Gäste aus allen Lagern der Politik und aus anderen gesellschaftlichen Kreisen nicht in der Lage waren, die Nationalhymne mitzusingen, obwohl gerade solch eine Veranstaltung sich dazu besonders anbietet. Mit Ausnahme der Musik herrschte bei den Anwesenden Totenstille. Und das nach einer guten Rede des Herrn Koschnik, der u. a. im Hinblick auf den sich z. Zt. ausbreitenden Rechtsradikalismus engagiert aufrief, zu einem Konsens der Demokraten wieder zurückzufinden.
Die Gründe des Nichtmitsingens sind mir unerklärlich, entweder war sich die anwesende Gesellschaft zu fein dazu oder der gute Text der 3. Strophe ist nicht bekannt. Was wir täglich am Ende des Fernsehprogrammes zu hören bekommen, was selbst von Fußballern der Nationalmannschaft am Beginn eines Länderspiels verlangt wird, sollte von Leuten, die für Politik, Kultur und Wirtschaft in dieser Stadt stehen, anläßlich solch einer Feierstunde erwartet werden können; vielleicht auch deshalb, um vorzubeugen, daß nicht eines Tages bei ähnlichen Situationen aus chauvinistischen Gründen Schönhuber und Andres die inzwischen reichlich anachronistische erste Strophe wieder lautstark anstimmen." (Eberhard Noack, Berlin-Lichtenrade)[30]

M 60

Dieter Wunder, Vorsitzender der GEW: Erklärung zur öffentlichen Auseinandersetzung um die erste Strophe der Nationalhymne (1989)

Wir brauchen die öffentliche Auseinandersetzung
um die erste Strophe der Nationalhymne

„In einem eigenartigen Briefwechsel haben sich Bundespräsident Heuss und Bundeskanzler Adenauer 1952 darüber geeinigt, daß das traditionelle Deutschlandlied wiederum Nationalhymne der Bundesrepublik wird, aber bei offiziellen Anlässen nur die 3. Strophe gespielt und gesungen wird. Seitdem wurde es mehr und mehr üblich, daß nur vereinzelt sehr traditionsbewußte Rechte die erste Strophe propagierten. Im übrigen überließ man sie Rechtsradikalen. Wäre

es bei diesem Zustand geblieben, die GEW hätte nicht so ein vehementes Interesse, sich um die 1. Strophe der Nationalhymne zu kümmern.
Leider ist dem anders. Rechtskonservative Kultusminister wie Mayer-Vorfelder, Baden-Württemberg, und neuerdings Wagner, Hessen, haben es für nötig befunden, Lehrerinnen und Lehrer auf die positive Behandlung der gesamten Nationalhymne hin zu verpflichten.
Dem muß entschieden widersprochen werden. Auch wer sich gefühlsmäßig bei der Haydn'schen Melodie und dem Text Hoffmann von Fallerslebens mit der traditionellen Hymne glaubt identifizieren zu können, sollte 1989 nüchtern prüfen, was die erste Strophe tatsächlich bedeutet.
Denn man mag es drehen und wenden, wie man will, diese Strophe ist Ausdruck eines überschwenglichen (und damit gefährlichen) Nationalgefühls. Die Ergänzung des ‚Deutschland, Deutschland über alles ...' durch geographische Angaben weist auf ein großes Deutschland jenseits aller historischen Grenzen hin, ist also nur nationalistisch-imperialistisch zu deuten. Auch ohne den Mißbrauch durch das nationalsozialistische Deutsche Reich müßte uns vor dieser Strophe grauen. Und wer, wie vielfach beliebt, die geographischen Angaben der ersten Strophe als bedeutungslos abtut und diese erste Strophe positiv deutet: welche Erklärung kann er eigentlich für dieses ‚Deutschland über alles' angeben? Die Nation und ihr Lebensraum werden sicherlich weiterhin eine gewisse Bedeutung für das politische, kulturelle und gesellschaftliche Leben in Europa und der Welt haben. Aber gibt es irgend einen Grund, sie ‚Über alles' zu stellen? Hat die Nation etwa mehr Rechte als der einzelne? Steht die Nation jenseits der Religion? Hat die Nation irgend einen Vorrang vor den Grundrechten des Grundgesetzes? Die deutsche Erfahrung der Jahre 1933 bis 1945 kann nur eine sein: Die Würde des Menschen ist unantastbar. Daran hat sich alles andere auszurichten.
Die 1. Strophe des Deutschlandliedes kann vor diesem Maßstab nicht bestehen. Sie steht einer humanen Zukunft in Deutschland, Europa und der Welt im Wege.
Arbeiten wir daran, daß die 1. Strophe nicht mehr Teil der deutschen Nationalhymne ist!"[31]

11. Anmerkungen

Anmerkungen zu Kapitel 1: Hinweise

[1] Aus dem Rundschreiben II, Nr. 58/1984 des Senators für Schulwesen, Jugend und Sport, Berlin 1984.

Anmerkungen zu Kapitel 3: Geschichte der deutschen Nationalhymne

[1] Christoph Martin Wieland: Der allgemeine Mangel deutschen Gemeinsinns und Nationalgeistes und Mittel zu deren Erweckung und Belebung (1792), in: Wielands Werke, Band 35, Berlin 1879, S. 245 f., zit. nach: Helmut Berschin, Deutschland – ein Name im Wandel, München/Wien 1979, S. 53 f.

[2] Helmut Berschin, Deutschland – ein Name im Wandel, München/Wien 1979, S. 54.

[3] Hoffmann von Fallersleben, Mein Leben, Band 4, S. 5 f.

[4] Mitinhaber des Hamburger Verlages Hoffmann und Campe.

[5] Otto Busch, 125 Jahre – „Deutschland, Deutschland über alles“, München 1966, S. 6.

[6] Aus: Paul Wentzke, Geschichte der deutschen Burschenschaft, Band 1: Vor- und Frühzeit bis zu den Karlsbader Beschlüssen, Heidelberg 1919, S. 288, zit. nach: Manfred Görtemaker, Deutschland im 20. Jahrhundert. Entwicklungslinien, Opladen 1983.

[7] Zit. nach: Wappen und Flaggen der Bundesrepublik Deutschland und ihrer Länder, hrsg. von der Bundeszentrale für politische Bildung, Bonn 1987.

[8] Otto Busch, a. a. O., S. 7.

[9] Zit. nach: Otto Busch, a. a. O., S. 5 und 7.

[10] Zit. bei Ansgar Skriver, Deutsches in drei Strophen. Die Geschichte einer umstrittenen Hymne, Sonntagsbeilage der Stuttgarter Zeitung vom 20. 5. 1978.

[11] Zit. nach: Ulrich Günther, ... über alles in der Welt? Studien zur Geschichte und Didaktik der Deutschen Nationalhymne, Neuwied 1966, S. 109.

[12] Vgl. dazu: Dieter Hölterhoff/Margret Otto, Deutschland, Deutschland über alles?, in: betrifft erziehung, 17. Jg., Heft 5, Mai 1984, S. 22–29. „Diese Meldung [gemeint ist die o. zitierte Langemarck-Meldung, d. Verf.] wurde zum Mythos, der in seiner nationalistischen Idee heute noch existiert und trotz aller gegenteiligen Berichte noch 1966 von der Bundeszentrale für politische Bildung publiziert wurde. Dieser Mythos führte dazu, daß beim Kapp-Putsch im März 1920 die Brigade Erhardt mit diesem Gesang durch das Brandenburger Tor in Berlin einzog ...“ (ebenda, S. 25).

[13] Theodor Eschenburg, Deutsche Staatssymbole. Fahnen, Farben, Hymnen – ihr Wandel in den Jahrhunderten, in: Die Zeit, Nr. 31 vom 3. 8. 1962.

[14] Welche fatalen Folgen jener weitreichende Kompromiß für die Stabilität der Weimarer Republik im einzelnen hatte, zeigt die Entwicklung der Reichswehr, die, nach monarchistischen Ordnungsprinzipien entstanden und autoritär strukturiert, als Staat im Staate weiterexistieren konnte. Von ihrem Ursprung wohl kaum als Hüterin demokratischen und republikanischen Gedankengutes berufen, ist sie nie zur Stütze, sondern eher zum Unsicherheitsfaktor für die erste deutsche Republik geworden. (Kapp-Putsch, Machtergreifung Hitlers).

[15] Aus: Dokumente der deutschen Politik und Geschichte, IV. Band, zit. nach: Ulrich Günther, a. a. O., S. 189 f.

[16] Das Lied wurde von dem Berliner SA-Mann Horst Wessel für seine Sturmabteilung geschrieben. Die Angaben über das Entstehungsjahr des Liedes schwanken zwischen 1927 und 1929. Seine spätere Popularität verdankt das Lied wohl auch der Tatsache, daß Wessel im Jahre 1930 bei Auseinandersetzungen mit Kommunisten angeschossen wurde und später seinen Verletzungen erlag. Seinen Tod wußte Joseph Goebbels propagandistisch zu nutzen. Wessel wurde zum „Blutzeugen der nationalsozialistischen Bewegung“ verklärt und als Märtyrer beerdigt. Bei seinem Begräbnis wurde sein Lied erstmals öffentlich gesungen.

[17] Amtsblatt des Bayerischen Staatsministeriums für Unterricht und Kultus, München, Nr. 3 vom 30. 3. 1933, zit. nach: Ulrich Günther, a. a. O., S. 116.

[18] Vgl. Ulrich Günther, a. a. O., S. 116.

[19] Adolf Hitler, Rede in Breslau, 1. 8. 1937, aus: E. Hauck, Das Deutschlandlied, Dortmund 1942, S. 59, zit. nach: Ulrich Günther, a. a. O., S. 116.

[20] Gesetz Nr. 154 der Militärregierung, zit. nach: Ansgar Skriver, a. a. O.
[21] Zit. nach: Einigkeit und Recht und Freiheit, hrsg. von der Bundeszentrale für politische Bildung, Bonn 1985, S. 29.
[22] Elisabeth Noelle/Erich Peter Neumann, Jahrbuch der öffentlichen Meinung 1947–1955, Allensbach, S. 159.
[23] Der Spiegel, Nr. 2/1951, Hamburg, S. 7.
[24] Vgl. Prof. Dr. Klaus Hümmerich/Klaus Beucher, Keine Hymne ohne Gesetz. Zu den staatsrechtlichen Anforderungen an die Setzung des Symbols Nationalhymne, in: Neue Juristische Wochenschrift, Heft 51, 1987, S. 3228.
[25] Zit. nach: Ansgar Skriver, a. a. O.
[26] Vgl. ebenda.
[27] Christian Bommarius (dpa), Hat die Bundesregierung überhaupt eine Nationalhymne? Ein leidenschaftlicher Streit unter Juristen, in: Der Tagesspiegel vom 10. 6. 1988.
[28] Hümmerich/Beucher, a. a. O., S. 3227 ff.
[29] Hümmerich/Beucher, a. a. O., S. 3229.
[30] Ebenda.
[31] Dr. Markus Hellenthal, Kein Gesetzesvorbehalt für Nationalhymne!, in: Neue Juristische Wochenschrift, Heft 21, 1988, S. 1294 ff.
[32] Vgl. Hümmerich/Beucher, a. a. O., S. 3227.
[33] Aktenzeichen: BVerfG 1 BvR 266/86, 1 BvR 913/87 und 1 BvR 1215/87.
[34] Golo Mann in: Handreichung für die Besprechung der Nationalhymne an den Schulen im Lande Hessen, hrsg. vom Hessischen Kultusminister, Wiesbaden 1989.
[35] Walter Jens, Vaterländischer Mißklang, in: Die Zeit, Nr. 39 vom 19. 9. 1986, S. 58.
[36] „Östreich über Alles" von Heinrich Joseph von Collin, erschienen 1809 als Aufruf zur Erhebung Österreichs gegen die napoleonische Herrschaft [M 20].
[37] Walter Jens, a. a. O., S. 58.
[38] Helmut Berschin, Deutschland – ein Name im Wandel, a. a. O., S. 61.
[39] Hoffmann von Fallersleben, Eins und Alles, 1841, in: Unpolitische Lieder, Zweiter Teil, Hamburg 1841, S. 4, zit. nach: Berschin, a. a. O.
[40] Karl-Heinz Janßen, Streit um die deutsche Hymne. Der Hegemonialanspruch läßt sich nicht verleugnen, in: Die Zeit, Nr. 40 vom 30. 9. 1988, S. 54.
[41] Axel Eggebrecht, in: Die Welt, zit. nach: Ansgar Skriver, a. a. O.
[42] Wilhelm von Sternburg, „Staatssymbole gehörten immer zu den heimlichen Verführern", in: Frankfurter Rundschau, Nr. 66 vom 19. 3. 1987, S. 14.
[43] Aus: Willy Hettner, Immer wieder das Deutschlandlied, in: Der Quell, Zeitschrift für Geistesfreiheit, 8. Jg., 1956, S. 941 ff.
[44] Wilhelm von Sternburg, a. a. O.

Anmerkungen zu Kapitel 4: Zur Melodie des „Deutschlandliedes"

[1] O. Biba, Gott erhalte! Joseph Haydns Kaiserhymne, Wien 1982.
[2] F. Klausmeier, Deutschland, Deutschland über alles? Ein Beitrag zur Didaktik der Nationalhymne, in: Musik und Bildung 9, Mainz 1987, S. 669 ff.
[3] E. Mahr, Die Varianten von Haydns „Kaiserhymne" im Musikunterricht, in: Zeitschrift für Musikpädagogik 9, Heft 31, Regensburg 1985, S. 32 ff.

Anmerkungen zu Kapitel 6: Hinweise zur Behandlung der Nationalhymne im Unterricht

[1] Kultusminister Gerhard Mayer-Vorfelder in einer Stellungnahme zu einem Antrag der SPD-Fraktion im Landtag von Baden-Württemberg, 26. 3. 1986, S, 4 f.
[2] Vorläufiger Rahmenplan für Unterricht und Erziehung in der Berliner Schule, Grundschule, Fach Musik, hrsg. vom Senator für Schulwesen, Berlin 1979: „3.2 Lernziele: 3. und 4. Klasse. Die Schüler können... die deutsche Nationalhymne singen", S. 7.
[3] Walter Jens, Vaterländischer Mißklang, in: Die Zeit, Nr. 39 vom 19. 9. 1986, S. 58.
[4] Helmut Berschin, Deutschland – ein Name im Wandel. Die deutsche Frage im Spiegel der Sprache, München/Wien 1979, S. 69 f.
[5] Dr. Markus Hellenthal, Kein Gesetzesvorbehalt für Nationalhymne!, in: Neue Juristische Wochenschrift, Heft 21, 1988, S. 1296.
[6] Aus: Einstellungen zu aktuellen Fragen der Innenpolitik 1988. Bericht des Instituts für praxisorientierte Sozialforschung, Mannheim.

Anmerkungen zu Kapitel 7: Entstehung und Verwendung der Nationalhymne der DDR

[1] Zit. nach: Die deutsche Frage. Materialien zur politischen Bildung, hrsg. von der Niedersächsischen Landeszentrale für politische Bildung, Hannover, 3. erg. Auflage 1985, S. 456.
[2] Zit. nach: Deutsche Literaturgeschichte in einem Band, hrsg. von Hans-Jürgen Geerdts, Berlin (Ost) 1968, S. 670.
[3] Walter Ulbricht, Aus der Gedenkrede (gehalten am 15. 10. 1958 in der Deutschen Staatsoper, Berlin), S. 24, in: Sinn und Form, Beiträge zur Literatur, 2. Sonderheft J. R. Becher, Berlin o. J. (ca. 1959/60), S. 18–24.
[4] Ich erspare mir an dieser Stelle die Einzelnachweise. Es handelt sich um die entsprechenden Bände der beiden Standardreihen Lesebuch, zusammengestellt von A. Lucke-Gruse, 3 Bde. (2.–4. Kl.), Berlin 1966 ff., sowie Unser Lesebuch, zusammengestellt mit der Redaktion von G. Stopmann u. a., 5 Bde. (5.–10. Kl.), Berlin 1962 ff.
[5] Vgl. DDR-Handbuch, hrsg. vom Bundesministerium für innerdeutsche Beziehungen, Köln, 2., völlig überarbeite und erweiterte Auflage 1979, S. 749, 944.
[6] Erika Marschall, Vorschlag für die Behandlung von Bertolt Brechts „Kinderhymne" im Literaturunterricht der Klasse 5, in: Deutschunterricht 21, 1968, S. 649.
[7] So die Umdeutung von Klaus Schuhmann, einem der führenden Brecht-Forscher der DDR: Untersuchungen zur Lyrik Brechts. Themen, Formen, Weiterungen, Berlin/Weimar, 2. Aufl. 1977, S. 97. – Daran anschließend auch das literaturhistorische Standardwerk der DDR: Geschichte der deutschen Literatur von den Anfängen bis zur Gegenwart, Bd. 11: Literatur der Deutschen Demokratischen Republik, hrsg. von Hans-Günter Thalheim u. a., Berlin 1977, S. 441.
[8] Programm der SED vom IX. Parteitag 1976, zit. nach: Deutschland Archiv: Zeitschrift für Fragen der DDR und Deutschlandpolitik 9, 1976, S. 770.
[9] Unterrichtshilfen Musik, Klasse 1, 3. Auflage 1982, Verlag Volk und Wissen, Berlin (DDR) 1987, S. 26 [Hervorhebungen durch den Verfasser].
[10] Unterrichtshilfen Musik, Klasse 3, Verlag Volk und Wissen, Berlin (DDR) o. J., S. 22 [Hervorhebungen durch den Verfasser].
[11] Nach einem Bericht in der Berliner Tageszeitung „Der Tagesspiegel" vom 6. 1. 1990.

Anmerkungen zu Kapitel 8: Zur Melodie der Nationalhymne der DDR

[1] Zitiert von U. Ragozat, Die Nationalhymne der Welt. Ein kulturgeschichtliches Lexikon, Freiburg 1982.
[2] Ebenda.
[3] L. U. Abraham, Anregungen zur vergleichenden Analyse von Nationalhymnen, in: Beiträge zur Konfliktforschung 2, Heft 1, 1972.
[4] Ragozat, a. a. O.

Anmerkungen zu Kapitel 9: Hinweise zur Behandlung der DDR-Hymne im Unterricht

[1] Zusammengestellt nach: Die deutsche Frage (s. Anm. 1, Kap. 7), S. 455–460.

Anmerkungen zu Kapitel 10: Materialien

[1] In: Reichsgesetzblatt, Teil 1, Berlin, 20. Mai 1933, Nr. 52, S. 285 ff.
[2] Verordnungsblatt der Stadt Berlin, 1. Jg., Nr. 9 vom 10. 10. 1945, S. 103.
[3] Bulletin der Bundesregierung der Bundesrepublik Deutschland, Nr. 5 vom 6. 11. 1951, S. 27.
[4] Brief vom 24. 1. 1952 in: Bundesarchiv, Nachlaß Heuss, Nr. 301. Briefe vom 29. 4. und 2. 5. 1952 aus: Bulletin des Presse- und Informationsamtes der Bundesrepublik Deutschland, Nr. 51 vom 6. 5. 1952, S. 537.
[5] Bulletin des Presse- und Informationsamtes der Bundesregierung, Nr. 51 vom 6. 5. 1952, S. 539.
[6] In: Bundesarchiv, Nachlaß Heuss, Nr. 62.
[7] Kurt Tucholsky, Heimat, aus: Gesammelte Werke, Band III, S. 312. Copyright © 1960 by Rowohlt Verlag GmbH, Reinbek.
[8] Ricarda Huch in ihrer Begrüßungsansprache zum ersten gesamtdeutschen Schriftstellerkongreß im Oktober 1947 in Berlin, zit. nach: Vaterland, Muttersprache. Deutsche Schriftsteller und ihr Staat seit 1945, hrsg. von H. Ch. Krüger, M. Krüger und K. Wagenbach. Wagenbach Verlag, Berlin 1980, S. 79 f. (Quartheft 100).
[9] Friedrich C. Sell, Die Tragödie des deutschen Liberalismus, Stuttgart 1953, S. 72 (Neuauflage: Nomos-Verlag, Baden-Baden 1981).
[10] Otto Benecke, Langemarck-Legende, in: Deutsche Universitätszeitung, Göttingen 1955, S. 13.

[11] Otto Busch, 125 Jahre „Deutschland, Deutschland über alles". Verlag gestern und heute, München 1966, S. 48.
[12] Ebenda, S. 49.
[13] Theodor Eschenburg, Deutsche Staatssymbole. Fahnen, Farben, Hymnen – ihr Wandel in den Jahrhunderten, in: Die Zeit, Hamburg, Nr. 31 vom 3. 8. 1962.
[14] Ulrich Günther, a. a. O., S. 118 f.
[15] Karl Jaspers, Nationalhymne, in: Ders, Denkwege. Ein Lesebuch. © R. Piper & Co. Verlag, München 1983, S. 98 f.
[16] Helmut Thielicke, Brauchen wir Leitbilder?, in: Ders., Theologie und Zeitgenossenschaft. Wunderlich Verlag, Tübingen 1967, S. 299 f.
[17] Bundespräsident Walter Scheel in seiner Ansprache zum 25. Jahrestag des 17. Juni 1953 im Deutschen Bundestag am 17. Juni 1978.
[18] Horst Ehmke, Was ist des Deutschen Vaterland?, in: Stichworte zur Geistigen Situation der Zeit, Band 1, es 1000, © Suhrkamp Verlag, Frankfurt am Main 1979, S. 51.
[19] Bogislav v. Selchow, Von Trutz und Treue. Gedichte (1920), Marburg 1936, S. 9.
[20] Vgl. Walther Hofstaetter (Hrsg.): Deutschkunde. Ein Buch von deutscher Art und Kunst. Leipzig/Berlin 1929 (3. Auflage).
[21] Helmut Berschin: Deutschland – ein Name im Wandel. Die deutsche Frage im Spiegel der Sprache. Günter Olzog Verlag, München/Wien 1979, S. 44 ff.
[22] Thomas Stein in: Dokumentation zur Geschichte der Nationalsymbole, hrsg. von der Bundeszentrale für politische Bildungsarbeit, Bonn 1985.
[23] Walter Jens, Vaterländischer Mißklang, in: Die Zeit, Nr. 39 vom 19. 9. 1986, S. 58.
[24] Otto von Bismarck, Gedanken und Erinnerungen, 1. Band, 8. Kapitel.
[25] Heinrich Heine, Die romantische Schule, Erstes Buch, 1839.
[26] Christian Graf von Krockow, in: Einführung zur Mappe „Wappen und Flaggen der Bundesrepublik Deutschland und ihrer Länder", hrsg. von der Bundeszentrale für politische Bildung, Bonn 1987.
[27] Vorwort von Walter Scheel zu: Guido Knopp/Ekkehard Kuhn, Das Lied der Deutschen. Schicksal einer Hymne. Ullstein Verlag, Berlin/Frankfurt a. M. 1988, S. 7.
[28] Marion Pigache, „Vielleicht wohnt einer von den Tätern doch nebenan?", in: Der Tagsspiegel vom 13. 11. 1988.
[29] Golo Mann in: Handreichung für die Besprechung der Nationalhymne an den Schulen im Lande Hessen, hrsg. vom Hessischen Kultusminister, Wiesbaden 1989.
[30] In: Der Tagespiegel vom 30. 7. 1989.
[31] Dieter Wunder in: Argumente gegen das Deutschlandlied. Handreichungen und Materialien zur Geschichte und Gegenwart eines Liedes, hrsg. von der Gewerkschaft Erziehung und Wissenschaft Hessen, Frankfurt 1989.

12. Literaturauswahl

Argumente *gegen* das Deutschlandlied, Handreichungen und Materialien zur Geschichte und Gegenwart eines Liedes, Hrsg.: GEW Hessen, LSV Hessen, Frankfurt/M. 1989.

Berg, Volker vom: Das Deutschlandlied als Nationalhymne?! – „Das Lied der Deutschen" im historisch-politischen Kontext und aktueller Diskussion, in: Erziehungswissenschaft und Beruf, Nr. 3, 1987, S. 297–305.

Berschin, Helmut: Deutschland – ein Name im Wandel. Die deutsche Frage im Spiegel der Sprache. Olzog Verlag, München 1979.

Busch, Otto: 125 Jahre – „Deutschland, Deutschland über alles". Verlag gestern und heute, München 1966.

Deutschland über alles?, Aktuelle Stunde, in: Demokratische Erziehung 9, 1986, S. 25 f.

Deutschlandlied (Das) ab dem 23. Mai (Verfassungstag) im Fernsehen, Politik Aktuell für den Unterricht, 15/85.

Einigkeit und Recht und Freiheit. Nationale Symbole und nationale Identität, hrsg. von der Bundeszentrale für politische Bildung, Bonn 1985.

Grix, Rolf/Knöll, Wilhelm: Flagge und Hymne der Bundesrepublik Deutschland. Schriften und Materialien zur Gemeinschaftskunde, hrsg. von Hans Endlich. Diesterweg Verlag, Frankfurt a. M. 1982.

Günther, Ulrich: „... über alles in der Welt?". Studien zur Geschichte und Didaktik der deutschen Nationalhymne. Luchterhand Verlag, Neuwied 1966.

Hellenthal, Markus, Dr.: Kein Gesetzesvorbehalt für Nationalhymne! Bemerkungen zur Nationalhymne der Bundesrepublik Deutschland und ihrer rechtswirksamen Bestimmung durch den Bundespräsidenten, in: Neue Juristische Wochenschrift, Heft 21, 1988, S. 1294 ff.

Hölterhoff, Dieter/Otto, Margret: Deutschland, Deutschland über alles? Nationalhymne im Unterricht, in: betrifft erziehung, 17. Jg., Heft 5, Mai 1984, S. 22–29.

Hümmerich, Klaus, Prof. Dr./Beucher, Klaus: Keine Hymne ohne Gesetz. Zu den staatsrechtlichen Anforderungen an die Setzung des Symbols Nationalhymne, in: Neue Juristische Wochenschrift, Heft 51, 1987, S. 3227–3232.

Jens, Walter: Vaterländischer Mißklang, in: Die Zeit, Nr. 39 vom 19. 9. 1986, S. 58.

Kirschner, Herbert: Die deutsche Nationalhymne, 5./6. Jahrgangsstufe, Musik, in: Ehrenwirth Hauptschulmagazin, 1/1979, S. 51–54.

Knopp, Guido/Kuhn, Ekkehard: Das Lied der Deutschen, Schicksal einer Hymne. Ullstein Verlag, Berlin/Frankfurt/M. 1988.

Maaß, Winfried: Was ist des Deutschen Vaterland? – Versuch einer Antwort. Die Geschichte einer schwierigen Liebe, in: Stern, Heft Nr. 22, Mai 1989, S. 44–70.

Nationalhymne (Die). Handreichung für die Besprechung an den Schulen im Lande Hessen, hrsg. vom Hessischen Kultusministerium, Wiesbaden 1989.

Oomen-Welke, Ingelore: Frieden für die Vaterländer. Nationalhymnen von Schülern gedeutet (3./4. Schuljahr), in: Praxis Deutsch, Jg. 15, 1988, Heft 89, S. 20–23.

Schmidt, Winrich de: „Das Lied der Deutschen" im Deutschunterricht, in: Diskussion Deutsch, Jg. 13, 1982, S. 425–435.

Sievritts, Manfred: Lied – Song – Chanson, Band 2: „Politisch Lied, ein garstig Lied?" in zwei Teilen: 1. Lehrer-Materialband, 2. Schüler-Materialheft; Reihe Musidaktik 1310 und 1311. Capella Verlag, Wiesbaden 1984.

Skriver, Ansgar: Deutsches in drei Strophen. Die Geschichte einer strittigen Hymne. Sonntagsbeilage der Stuttgarter Zeitung vom 20. Mai 1978.

Sternburg, Wilhelm von: „Staatssymbole gehörten immer zu den heimlichen Verführern", in: Frankfurter Rundschau, 19. 3. 1987, Nr. 66, S. 14.

Wapnewski, Peter: Die Deutschen und ihr Lied, in: Zeit-Magazin vom 29. 12. 1989, S. 16–29.

Wappen und Flaggen der Bundesrepublik Deutschland und ihrer Länder, hrsg. von der Bundeszentrale für politische Bildung, Bonn 1987.